KB231032

콘셉트 경영

콘셉트 경영

발행일	2018년 4월 12일
지은이	김 용 찬
펴낸이	김 용 찬
펴낸곳	원펀치
출판등록	2018. 3. 15(제2018-000018호)
주소	서울시 동작구 상도로37길 64, 501호 (상도동)
이메일	palhana@naver.com
홈페이지	www.ManagementByConcept.com
전화번호	010-5323-8181
디자인	(주)북랩 김민하

ISBN	979-11-963455-0-1 13320(종이책)
	979-11-963455-1-8 15320(전자책)

잘못된 책은 구입한 곳에서 교환해 드립니다.
이 책은 저작권법에 따라 보호받는 저작물이므로 무단 전재와 복제를 금합니다.

이 도서의 국립중앙도서관 출판예정도서목록(CIP)은 서지정보유통지원시스템 홈페이지(http://seoji.nl.go.kr)와
국가자료공동목록시스템(http://www.nl.go.kr/kolisnet)에서 이용하실 수 있습니다.
(CIP제어번호 : CIP2018011028)

소비자의 마음을 움직여 실적을 반전시키는 원펀치 경영 전략

콘셉트 경영

김용찬 지음

MANAGEMENT
BY CONCEPT

대한민국 IT 1세대인 김용찬이
창업해 CEO로 일한 경험과
대학 강단에서 후학을
가르친 경험을 살려 한방에

실적을 살려내는
콘셉트 경영 전략을
전격 공개한다

www.ManagementByConcept.com

◎ 원펀치

무술년 새해를 앞두고 책을 한 권 써보고 싶어졌습니다. 6년 전 『개념경영』(2012년 11월에 나옴, 도서출판 다사랑)에 이은 후속편이 되겠습니다.

사업과 장사는 각기 리스크가 크고 작은 차이입니다. 사업을 장사처럼 해낼 수 있는 방안은 없을까요? 특별한 지혜를 요한다 할 것입니다.

그리고 어쩜 내가 공부한 이 학문이 그 해법이 될 수도 있겠다는 생각이 들었습니다.

워크시트를 올리고선 팀원끼리 일 도모하는 노하우를 전수해서 누구든 익히면 강력한 원펀치를 갖게 하겠다는 것이 이 책의 핵심 편익제안입니다.

우린 개념을 잘 다스리게 되면, 올바른 인식을 가져갈 수 있게 되고, 그로 인해 일천하고 부족한 경험세계를 메울 수 있다는 이치를 살아있는 사례로 직접 보게 합니다.

원펀치와 ManagementByConcept.com이 실마리로써 작동해 '콘셉트에 의한 경영'이란 학습군study group을 일구어내는 것이 내 꿈입니다. 새해를 맞아 그 꿈을 현실로 만들어내는 일에 도전해봅니다.

중국 가서 아침에 공원엘 나가면 사람들이 태극권을 연마하는 걸 쉽게 본다. 그저 몸 풀듯이 가볍게 동작을 따라 합니다. 원펀치도 그렇게 가볍게 따라하면서 연마하면 됩니다.

원펀치 One Punch

차 / 례

개념으로 경영하는 사람들

MANAGEMENT BY CONCEPT

CHAPTER

1

SNS 네트워크에서
소통합니다

MANAGEMENT BY CONCEPT

1

가입수락에
감사드립니다

지금의 우리 젊은이들은 자신의 경쟁력을 넓게 세상과 비교해보면서는 길러내야 하는 시절이 아닌가 합니다. 그리고 제가 보는 우리의 제일 취약 부분은 전체를 보는 눈이 너무 어둡다는 겁니다. 여러 경험을 통해서 하나둘 뼈아픈 교훈을 뽑아낼 수 있어야 하고, 그걸로 남들이 생각지도 못했던 보편적인 규칙을 찾아내는 역량을 길러내야 한다고 주장해오고 있습니다. 이를 전 콘셉트에 의한 경영이라 부릅니다.

글 한 꼭지로 인사에 대신합니다.

구체적 사고 VS 개념적 사고

사람은 대체로 세 종류로 나뉜다. 하나가 논리가 강하고 사실 그대로 해석하는 성향이 강한 구체적 사고의 사람, 또 하나가 직감이 강하고 상상력이 풍부한 개념적 사고의 사람, 그리고 나머지 하나가 그 가운데에 속하는 사람이라 하겠다. 구체적 사고의 사람과 개념적 사고의 사람 간에는 대화가 거의 불가능하다는 것이 필자의 소견이다. 하나의 언어를 쓰지만, 각기 이 두 사람은 다르게 그 뜻을 이해하고 받아들인다.

그러다 보니 아~ 하면 어~ 하고 서로 통하는 법이 없다. 이 둘 사이는 영원한 평행선을 긋고 만다. 자 예를 한번 들어보자.

아침에 이 두 사람이 직장에서 만나는 상황이다. 어제 잘 지냈어요? 하고 개념적 사고의 사람이 구체적 사고의 사람에게 인사말을 건넸다 하자. 그럼 구체적 사고의 사람은 대개는 자신이 있었던 사실대로 짤막하게 예, 혹은 아니 별로였어요 등으로 답한다. 이로써 이 둘 사이엔 커다란 갭이 생기고 만다. 왜냐면 이 개념적 사고의 사람이 인사말을 건넸을 때에는 뭔가 다정한 인사말을 듣기를 기대했을 것인데 그와는 거리가 먼 극히 사무적인 재미없는 답변이 나오고 만 것이다.

거꾸로도 역시 예상해볼 수 있다. 구체적 사고의 사람이 아침 인사를 건넨다. 좋은 아침입니다. 그럼 이 개념적 사고의 사람은 "아, 예~ 오늘 아침에는 왠지 기분이 좋아요. 날아갈 것만 같아요, 왜냐면 제가 아침에 버스를 타고 오는 데 아, 글쎄~" 이렇게 수다 섞인 답변이 터져 나온다. 인사를 건넨 측인 구체적 사고의 사람은 잔뜩 머리가 복잡해지고 만다. 자신이 기대했던 건 짤막하고 간단한 인사치레의 답변이었는데, 물론 답하고 있는 개념적 사고의 사람도 그런 반응에 기분이 썩 유쾌해지지만은 않고 있다.

8가지 개념적 장벽

심리학에선 좌뇌와 우뇌의 역할이 이런 분류에 해당한단다. 그리고 우리의 관심인 원리에 의한 경영과 콘셉트에 의한 경영 역시 이런 분류랑 맥을 같이 하고, 또 대교약졸 大巧若拙(크게 정교하나 그저 평범하게 다가간다, 노자의 『도덕경』에 나오는 말)이 바로 여기서 비롯한다 하겠다.

서양의 학문이 대체로 원리를 찾고 논리적이라면, 동양의 학문은 대체로 콘셉트를 찾고 직감적이라 할 수 있겠다. 콘셉트에 의한 경영이 보다 동양적인 냄새가 나는 것은 그런 연유인 듯하다.

2
물고기 잡는 법을
보여드리겠습니다

감히 이런 제안을 어떻게? 크흐. 잘 들여다보면 그게 가능하기도 하답니다.

우린 일상에서 계속 반복하는 행동을 습관이라 합니다. 근데 지적 활동에서도 이런 습관은 계속 어떤 시행착오를 겪게 하지요. 이걸 고쳐내면 우린 남보다 지혜롭다는 소리를 듣고, 그럼 그걸로 우리 살아가는 데에 좀 더 경쟁력이 생겼다 할 수 있지 않을까요?

원리에 의한 경영 vs 콘셉트에 의한 경영

대학 MBA 같은 곳엘 가면, 기업경영에는 어떤 원리가 있다고들 가르칩니다.

대개 마케팅 원리, 전략 원리 등이 그런 것 같습니다. 근데, 현장에서 그 원리들을 한번 적용해 보려면 잘 먹혀들지가 않음을 알게 되고선 난감해할 때가 적지 않습니다.

왜 이네들이 현장에선 제대로 먹혀들지 않고 있을까요?

거꾸로 생각해보면 의외로 그 의문은 쉽게 답에 도달합니다. 만일 그렇다면 그 수많은 기업들이 다 성공의 길로 안내되어야 할 테니 그것이 더 엄청난 모순이 되질 않겠어요? 성공이란 결코 그리 흔히 볼 수 있는 현상이 아니거든요.

CEO의 최고 덕목은 … "미래에 대한 통찰력"

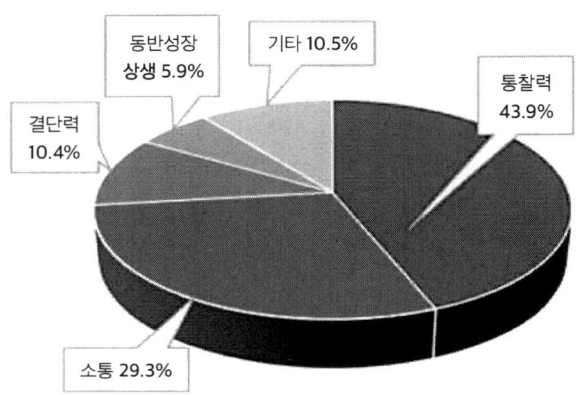

출처: 대한상의, 헤럴드경제 공동조사

통찰력 insight를 구하는 전통적인 방식인 Management By Principle인 경우에 "경영에는 어떤 원리가 있는데 그를 따르면 성공하고, 그렇지 않을 경우엔 실패한다."는 내용의 시각이라 하겠습니다.

반면 Management By Concept의 경우는 흘러가는 소비자의(경영관리의 대상으로서의 소비자를 말함) 마음을 붙든 경험에서 공통부분을 추출하여 콘셉트라 일컬으며, 이를 잘 가꾸면 그렇지 않을 경우보다 성공확률이 상대적으로 올라간다는 시각이라 하겠습니다.

결국 기업이 소비자의 니즈를 위해 존재한다고 보았을 땐, 좀 더 현실적이며 보다 업그레이드한 시각이라 봅니다. 더하여 콘셉트란 내부 조직을 통합하는 역할, 오래도록 기억나게 하는 역할 등도 같이하니 통찰력을 구하는 경영인들과의 커뮤니케이션 용도로는 금상첨화라 하겠습니다.

기실 이미 시장이 너무도 과열된 경쟁상황으로 바뀐 터라, 이제는 너도 나도 취하고 있는 기존의 원리에 따른 경영으로는 더 이상 기업 경영의 돌파구를 찾기 힘든 것이 현실입니다. 무언가 새로운 패러다임이 나오지 않는 한 경영이론이 더 이상 현실 시장에서 각광받기가 힘들 것이라 여겨집니다.

저는 콘셉트에 의한 경영이란 새 경영이론으로 그 해법을 찾습니다. 인류 사회가 만들어 놓은 원리에 충실하기를 이제는 거부하고, 결국엔 자연의 질서를 좇아 움직일 수밖에 없는 사람의 마음을 붙드는 이치를 찾아가고자 합니다. 요즘 한창 회자되고 있는 인문학의 위기는 그 유일한 돌파구를 소비자에게서 찾아낼 수밖에 없는 것 아니냐는 얘기가 나오고 있던데, 저와 같은 맥락이라 봅니다. 그리고 산업계에서는 창의와 융합 Creative & Convergence의 시대라 하는데, 바로 그 창의가 발휘된 대표 격이 아닐까 합니다.

그 이치를 찾아가는 과정을 한 꼭지씩 올려서 이곳 Management Coaching 경영과 코칭 여러분들과 함께하고자 합니다. 괜찮으시겠어요?

3
이런 게 하이콘셉트

    이 모든 것이 그 양반이 찾아낸 어떤 하나의 개념에서 비롯했답니다. 그 양반이 누구? 아인슈타인. 어떤 개념? 우주의 신비가 마치 우리가 늘 쓰는 침대 매트리스와 같은 원리라는 거였어요.

    우리 그런 걸 일컬어 하이콘셉트라 할 수 있을까요?

> … 천문학의 오랜 난제로 꼽히던 중성자별 충돌 현상이 국제 과학연구진의 치밀한 준비와 협력으로 한 번에 풀렸다.

출처

http://news.chosun.com/site/data/html_dir/2017/10/27/2017102701870.html

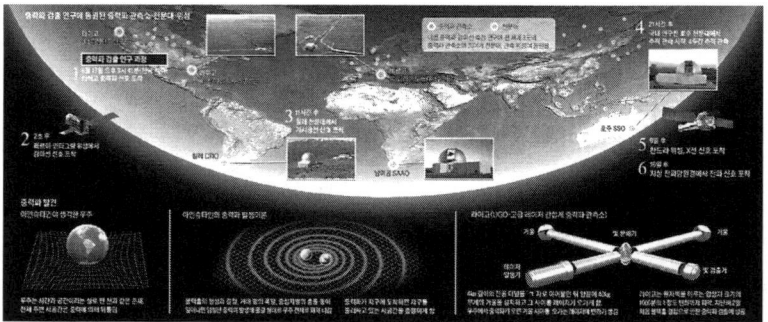

CHAPTER
2

십 년 전에는 이런
생각이었지요

MANAGEMENT BY CONCEPT

1

워밍업

— **균형감각** —

'동상 금년엔 물처럼 사세요', 아는 선배가 내게 주신 새해 덕담입니다. 사실 물처럼 산다는 게 얼마나 어려운지는 지난 오십 년 세월을 살아오면서 겨우 깨우치게 된 바입니다. 그 어느 것보다 균형을 잡는 데엔 탁월한 능력을 가진 물질이 바로 물입니다. 그것이 바로 사업에서의 요체라는 것이 오늘의 제 경험담입니다.

첫 사업에서 아이템 선택에선 성공했으나, 사람 선택에선 실패를 맛보았던 저는 다음 사업에 뛰어들면서는 숫제 혼자서 진행을 했습니다. 내용인즉슨 그 당시 유행하던 벼룩시장을 전화로 구현해 내는 사업이었습니다. 손쉽게 전화로 자신의 중고물품을 내놓으면 다른 이들이 또한 손쉽게 그 물건을 일정한 네고 절차에 따라 구매하는 내용이었습니다. 카테고리를 잘 나누어서 접근 및 이해를 쉽게 하는 것이 중요한 노하우였습니다.

홍보방법으로는 아예 처음부터 지라시만 제작해서 일정한 곳에다 돌리는 전략을 택했습니다. 큰 수요가 몰리는 성격의 것은 아니라서 이십 회선으로 진행하고 있었고, 어느 정도는 관심을 끌어가고 있는 즈음이었습니다. 근데, 어느 날 이상한 일이 벌어졌고 또 한 번 귀중한 경험을 얻는 사건이 벌어졌습니다. 모 조간신문 기자가 어느 날 찾아온 것입니다.

아마도 지라시를 보고선 알았나 봅니다. 그리고선 이 사업내용을 신문에다 기사로 내겠다 했습니다. 그런 경험이 전혀 없었던 저로서는 상당히 고무되어선 입에다 거품을 품고 얘길 했고, 다음 날 조간 문화사회 면에 대문짝만하게 저의 사업장 사진과 함께 제 사업내용이 소개되었습니다. 과연 그 뒤론 어땠을 것 같나요?

후폭풍과도 같이 쏟아지는 전화폭주량에 주체를 못 하고 그만 사업이 한방에 무너지고 말았답니다. 고작 전화가 이십 회선밖에 시설되지 않았으니 무려 5만 명씩 한꺼번에 밀어닥치는 수요를 도무지 감당할 수가 없었고, 결국엔 그 상태가 한 2주간 이어지다 보니 자연 소비자들에겐 나쁜 이미지만 남기고 말았던 것입니다. 결국 그 사업도 끝내야 했고…

저는 사업에서 성공하려면 다음의 다섯 가지 역량이 균형을 이루어야 한다고 클래스에서 늘 얘기하고 있습니다. 그 다섯 가지란 통찰력, 제품력, 콘셉트력, 고객과의 연결력, 그리고 플러스알파라고 합니다.

이것들이 고루 균형을 잡혀야 비로소 사업이 제 궤도에 오를 수 있다는 주장이지요.

이 경우는 특별히 고객과의 연결력에서 균형을 잡아주지 못해 발생했던 불행한 사건이었습니다.

2
아이디어
— 귀 기울이기 —

혼히들 사업을 때의 미학이라고 합니다. 그리고 진인사대천명(盡人事待天命)이라 하여 때는 인간이 스스로 어찌할 수 없는 분야라 합니다. 저는 이를 보다 능동적으로 자세를 취한다는 뜻에서 귀를 기울인다 합니다.

그렇습니다. 업은 기실 귀를 기울여야 할 것이 많은 분야입니다. 소비자에게 귀를 기울여야 하지요, 또 내부 조직에 귀를 기울여야 하지요. 그러나 무엇보다 때에 귀를 기울이는 것이 중요하다는 것을 오늘은 제 경험과 함께 한번 풀어보겠습니다.

저의 첫 사업은 B2C였습니다. 그리고 그 뒤에도 한동안은 계속 아류의 사업에 몰두했답니다. 하지만 어떤 기운이 제게 떨어져 나갔음을 느끼곤 진행하던 사업을 모두 정리했습니다. 그리고선 보다 쉽다고 여겨지는 B2B 사업으로 방향을 전환했습니다. 사 주는 측에서만 오케이 하게 만드는 것은 불특정 다수를 상대로 하는 비즈니스보다는, 사람 네트워크에 자신 있었던 저로서는, 상대적으로 쉬울 거라 여겨졌기 때문입니다.

저는 급여생활을 할 때엔 B2B 사업분야에서 종사했습니다. 그 중에서도 근 절반은 통신회사를 상대로 납품하는 일이었답니다. 그 시절 한번은 업계에 엄청난 파장을 일게 한 입찰을 따낸 적도 있었습니다. 훗날 두고두고 그 무용담이 나돌았던 사건이지요. 결국 니치마켓을 뚫겠다는 목표를 가지고 통신공사업으로 신규 사업 아이템을 정했습니다. 그러고 나니, 이제는 조직을 만들어야 했습니다. 주위에 관련 분야 사람이 많았던 저로서는 손쉽게 조직을 구성할 수 있었습니다. 그러고선 영업활동을 전개하면서 때를 맞기 위해 다들 애썼습니다. 그러던 어느 날 저는 또 한 번 크게 조직관리에서 낭패를 당했습니다.

겉으로 보기에는 다들 열심으로 사업의 성공을 위해서 힘써 노력하는 듯 보였습니다. 하지만 인원이 거의 8명 정도에 이르자, 내부에서 무언가 부딪치는 기운이 있었던 모양입니다. 킥오프를 위한 회식자리에서 느닷없이 두 사람의 돌출행동으로 같이 기운을 모으던 나머지 사람들이 하나같이 김빠지는 사건이 발생했습니다. 화룡점정의 역할을 해주리라 기대했던 그 자리가 순식간에 파장 국면으로 내몰리는 것을 확연히 느낄 수 있었습니다. 그래서 곧바로 저는 그 팀을 해체하고 사업은 정리하고 말았습니다.

그 뒤 한참이 지난 후, 한 대형 건설사로부터 언질을 받아서 통신공사업을 다시 도모한 적이 있었습니다. 이때에는 제법 일이 많이 진척이 되었다가, 최종 업자 선정에 가서 자격조건에서 아주 약간의 미달로 떨어져나가는 경험을 했습니다. 사전에 미리 짚어보았어야 했던 일이었으나 당연히 통과라고 자신했던 데에서 불찰이었던, '돌다리도 두들겨 보아야 하는데 그렇지 못한' 실패의 케이스입니다. 물론 이 사업 건도 미련 없이 팀 해체와 함께 끝내고 말았습니다.

물론 위의 경우들을 당했음에도 불구하고 계속했더라면 결국엔 좋은 결실을 맺을 수 있었을지 모릅니다. 하지만 저로서는 어쩔 수 없는 결정이었다 보고 잘했다는 생각이 지금도 듭니다. 이렇듯 업을 나아감에 있어서 미리 나쁜 결과가 나올 수 있다는 것도 염두에 두고서 진행할 수 있게 된 것은 순전히 저의 이 귀를 기울인다는 경영콘셉트에서 비롯했음을 지금 돌이켜보면 알 수 있었습니다. 지금은 때가 아니구나~ 하면 그 자리에서 멈출 줄 아는 것이 바로 사업의 또 하나 중요한 지혜라 봅니다.

3

인큐베이트
― 뜻을 세우다 ―

    흔히들 말하더군요. 뜻을 세우고선 그 분야에 한 오 년 매진하다 보면, 그 뜻을 이루게 될 것이라고요. 하지만 저의 생각은 다르답니다. 이 세상이 호락하지가 않아요. 대게 한 이십 년은 지나야 그 뜻을 이룰 내공이 쌓인다고 봅니다. 공자는 서른에 입지(立志)하고 쉰에 지천명(知天命)했다고 합니다. 아마도 제 생각과 그리 다르지 않다고 여겨집니다.

    제 경우엔 사업을 경영할 생각을 품기 시작한 것이 사회생활을 시작하고 난 후에도 한참이 지난 후인 삼십 대 중반이었습니다. 그러고선 어쩌다 곧바로 경영에 뛰어들다 보니 정말로 서툴기가 짝이 없었습니다. 그리고 한 이십 년 세월이 흘러 오십 대 중반이 된 것이 요즘입니다. 이제야 사업경영을 어찌해야 할지가 어렴풋하게나마 느껴집니다.

    비슷한 예로, 제가 교회를 나가기 시작한 것이 삼십 대 초반이었습니다. 그러고선 오십 초반이 되어서야 비로소 예수를 제대로 마음에서 붙잡을 수 있었던 경험과도 유사하다 하겠습니다.

흔히들 사람들은 자기 대에서 무언가 이룰 수 있다고 합니다. 하지만 저는 사뭇 다르다는 생각입니다. 오랜 조상으로부터의 유전이 내 대에서 쌓여 그 결실이 드러난다고 여깁니다. 심성이 그렇고, 깨우침이 특히 그런 것 같습니다. 그 비근한 예로 우린 자신에게 있는 습관 하나 바꾸는 것도 정말 힘들고 여의치가 않다는 것을 압니다. 그것이 단순히 생각을 바꾼다고 바뀌지가 않아요. 정말 작심하고 굳은 의지로 오랫동안 실행해 나아가야만 습관 하나를 바꿀 수 있습니다. 그렇다면 우리의 마음 자리에 있는 습관인 심성이란… 정말로 바꾸기가 쉽지 않을 거라는 것은 자명해집니다.

　생략하고, 기업 경영의 뜻은 일찍 세울수록 그 실현 가능성이 높아짐은 당연하다 하겠습니다. 그리고 한 이십 년은 지나서야 온전한 경영을 이룰 수 있을 거라는 생각으로 그저 천천히 나아가는 것이 답이라 보여집니다.

4

콘셉트
— 두루 파고 거름을 주리니, 제품 콘셉트 —

우린 정말 뭐 하나 제대로 혼자서는 할 수 없답니다. 다 주변의 도움을 받아서야 근근이 하나의 작품을 만들어내곤 합니다.

그것이 특히나 기업이요, 사업인 경우엔 더욱 그렇습니다. 그래서 리더십이라는 말이 나오는 거고요.

제목의 글은 성경에 나오는 글귀이나, 사업을 구상하는 이에게는 아주 적합한 지침이 되는 말입니다. 서두르지 않고 두루 파고 거름을 주다 보면 어느새 그 사업이라는 나무가 결실을 맺게 된다는 것이지요.

이 글귀에는 시한이 있답니다. 언제까지가 지나면 그냥 찍어내어 버리게 하소서 하지요. 우리가 쓸 수 있는 시간이나 자원은 한정되어 있기 때문이기도 한 것 같습니다. 결론은 내가 이루고자 하는 분야의 범주를 정확히 잡아서 거기에다 충분히 거름을 주는 것입니다. 그리고는 그 결실을 얻기를 기대하는 것입니다.

이런 기업인의 모습은 같이하는 이들에게 감동을 줍니다. 이렇게 일어나는 감동은 마치 잔잔한 호수에 일어난 파동처럼 점점 더 크고 강력하게 뻗어갑니다. 그러고는 결국엔 뭔가를 이루어내게 된답니다. 그것이 우리가 살고 있는 이 세상의 진실이라 봅니다. 다만, 이런 진실은 평소엔 온갖 탐욕이 난무하는 세상으로 덮여있어 보이지 않을 뿐이지만, 온전하게 그 밑 뿌리를 이루고 있어 결국에는 드러난다는 것이 저의 경험이고 생각입니다.

사업 초년 시절 이런 이치를 알 리가 없었던 저로서는 조직이 왜 제대로 따라와 주지 못하는지가 늘 아쉬웠습니다. 그것이 바로 나자신의 모습에서 나온 리더십의 문제였다는 것을 알게 된 것은 먼 훗날 이런 깨우침을 얻고서야였답니다. 쉽사리 첫 사업을 이루면서 초심을 잃어버렸던 저로서는 리더십마저 날 떠난 것을 알아차리지 못하고 있었던 것이었지요.

오늘도 그저 묵묵하게 두루 파고 거름을 주는 농부와도 같은 모습의 기업인을 우리 주위에서 찾길 희망합니다. 그들은 응당한 대가로 그 보상을 받게 될 것입니다.

5
조사 및 검증
— 승부처 —

　시중에 떠도는 말로 사소한 것에 목숨 건다는 얘기가 있습니다. 그건 분명 어리석은 일임에 틀림없겠습니다.

　하지만, 일생일대의 큰 사건인 경우라면 우린 단연코 목숨 걸고 붙어야 할 것입니다. 그냥 연습게임처럼 치를 수는 없는 일입니다. 대개 사업의 경우가 그런 것 같습니다. 어떤 행운아에겐 여러 번 사업 기회가 올 수 있겠으나, 보통의 경우엔 몇 차례 기회가 오질 않습니다. 그리고는 자원이 고갈되어 버리고 맙니다. 미국 대선도 두 번씩이나 출마하는 경우는 극히 드물다 합니다. 한 번 치르는 동안에 벌써 자신이 가진 인적 네트워크를 다 써버린 연유일 겝니다. 완전히 고갈될 정도로 자신이 가진 모든 것을 한 차례에서 다 태워버리는 것이지요. 그야말로 진검 승부라 하겠습니다.

　속담에 일생에 한 세 번 정도는 기회가 온다고 합니다. 아마도 세 번 정도는 큰 승부를 치를 수 있을 거라는 얘기같이 들립니다만, 저의 경험으로는 그것도 극히 럭키한 사람인 경우 같습니다. 보통은 한두 번에 그친다고 봅니다. 여하튼 간에 단 몇 차례밖에는 기회가 없다면… 과연 그 승부에 어느 누가 소홀할 수가 있을까요? 그렇지만 기실은 많은 이들이 정작 큰 승부에서는 제대로 붙어보지도 못하고 이미 자원을 다 소진하고 마는 경우가 흔한 것 같습니다. 어떻게 해야 할까요? 경영콘셉트를 평소엔 연습게임을 하면서 힘을 기르고 모으는 것으로 가져가야 합니다. 그리고 승부처에선 과감하게 배팅하는 겁니다.

저의 경우를 한번 돌아봅니다. 학창시절 사법, 행정고시를 준비하다 두 차례 시험을 보고선 그만두고 말았습니다. 자신의 처지가도무지 더 공부할 수 없다는 것으로 결정을 내렸습니다. 직장 시절대기업에서 필화사건에 휘말리자 결국에는 사표를 내고 말았습니다. 비전을 찾기 힘들다고 보았던 게지요. 또 첫 사업에서 애초에단추를 잘못 끼워 리더십이 깨지는 사태를 초래하고 말았고, 그사업도 도중에 하차하고 말았습니다. 이때에도 더 이상의 사업지속은 비전이 없다는 결정 때문이었습니다.

어찌 보면, 고시를 더 했어야 했고, 대기업에서 계속 버텼어야 했고, 또 첫 사업을 계속 올라타고 갔어야 했던 것이었는지 모릅니다. 하지만 저의 결정은 이미 났고, 다시 말하면 저는 그걸 연습게임으로 치부했던 것입니다. 그리고는 한동안이 흘렀습니다. 이제는 오십 중반, 더 이상의 승부처는 별로 남지도 않았습니다. 하지만 지금도 저는 마지막 한 차례의 승부처가 남았다고 여기고 있습니다. 저의 일생일대의 큰 승부가….

6
포지셔닝
― 대교약졸, 和의 깨우침 ―

大巧若拙 - 크게 솜씨가 좋은 것은 마치 서툰 듯하다. 노자의 도덕경에서 일이관지하는 이치입니다.

우리 속담에 "벼가 익으면 고개 숙인다."라는 말이 있습니다. 기업 경영을 위한 역량이 제대로 갖추어지고 나면, 이제는 자신의 매무새가 다시 평상으로 돌아와 온화한 모습을 띠게 된답니다. 소위 말해 이치를 깨우친 것이지요. 그러니 사소한 것에 목숨 걸 일이 없어집니다. 오직 하나의 승부처를 모색하고 있으며, 평상시에는 슬슬 워밍업을 하고 있는 단계입니다. 이제는 대화 상대로는 자연만이 남게 됩니다.

정말 아름다운 작품을 만들어낼 수 있는 단계이며, 그것이 주위와 잘 조화를 이루게 하는 바를 궁리하는 단계이지요.

기존 틀을 깨는 작업이기 때문에 흔히들 뭘 저리 서툴게 하나고 핀잔을 받기도 하지만, 기실은 전혀 새로운 방식에서 和를 찾아내고 있는 거랍니다. 제가 터득했다는 집단창의 방식 또한 감히 이 범주에 속한다 하겠습니다.

진짜 승부처에 임해서는 사람이 자칫 흥분해서 그르칠 가능성이 높아집니다. 하지만 그 승부를 초연하게 치를 수 있다면 승산은 훨씬 높아집니다. 나 자신을 그 단계까지 평소에 내공을 올려놓아야 합니다. 일생일대의 승부를 치르지만, 그 밖으로는 평온하기 그지없습니다. 아니, 어쩌면 그럴 수가? 늘 만나는 사람들이 만들어 놓은 이치가 아닌, 신이 만들어 놓은 자연의 이치를 깨우치고 따르는 이들은 그렇게 하고 있답니다.

오늘이 기축년 정초입니다(지금은 9년이란 세월이 흘러 무술년 정초를 앞두고 있지요).

어쩌다 내 비즈니스 파트너로 이런 사람을 만날 수 있다면 이는 큰 복이라 하겠습니다.

7

펌프 프라이밍
― 비즈니스모델, 표현콘셉트 ―

기업하는 이들에게 제일 절실한 것이 비즈니스모델일 것입니다.

과연 어떻게 해서 수익을 창출하고 사람들을 끌어모을 수 있을 것인가라 하겠습니다. 한편에선 사람들을 끌어모으는 데엔 성공을 했지만, 수익을 창출하는 데엔 막상 한계에 부딪고 있는 모델들도 수없이 많습니다. 요즘 한창 인기 끌고 있는 트위터 같은 경우도 그 한 예라 하겠으며, 우리가 이전에 한 번씩은 이름 들어보았으나 지금은 없어진 기업 모델들이 대개가 그렇습니다.

한편 이전에 탄생해서 지금껏 살아남아 우리가 알고 있는 비즈니스모델들은 한결같이 처음엔 사람을 끌어모으는 데에 힘을 모았고, 나중엔 구사일생으로 수익을 창출하는 데에 성공한 기업들입니다. 아마존, 유튜브, 마이스페이스 닷컴, 페이스 북 등이 그러하다 하겠습니다. 우리나라에도 다음 사와 같은 모델 역시 그런 경우라 하겠습니다. 이 메일로 사람을 일단 끌어모았고, 이후엔 포털 및 광고업으로 수익을 창출한 경우입니다.

여기서 우리를 함 돌아보고자 합니다. 과연 어떤 전략을 취했을 때, 살아남는 기업이 될 수 있을까요?

　흔히들 BM(비즈니스모델) 포지셔닝이라 해서 다음의 세 가지 유형을 듭니다. 그리고 그게 먹혀들었을 때에야 기업 생존이 기본적으로 가능해진다 합니다.

　　제품 선도형 Product Leadership PL - 제품에서 우위를 확보한다
　　운영 효율형 Operational Effectiveness OE - 운영 효율을 따라올 자가 없다
　　고객 밀착형 Customer Intimacy CI - 내 고객은 내가 제일 잘 안다

　필자는 평소에 두 마리 토끼 전략은 필히 패할 가능성이 높다는 얘길 해왔습니다. 여기서도 마찬가지입니다. 모름지기 전략에선 오직 하나에 집중해야 성공 가능성이 높아집니다. 선택과 집중입니다.
　그리고 설혹 애초에 잘못 포지셔닝되었다 하더라도, 그대로 밀고 나가는 것이 더 효과적인 경우가 많습니다. 중도에 말을 바꾸어 타다가는 자칫 사업에서의 일관성을 잃어버려 소비자를 혼란에 빠트리고 기업이 좌초하기가 일쑤입니다. 정 바꾸어야 하는 경우에는 주도면밀한 계획하에 일사불란하게 실행에 옮겨야 합니다. 헷갈리는 이가 없이하는 것이 결정적인 비결입니다.

　자, 함 들여다봅시다. 귀사는 위의 세 경우 중에서 어디에다 포지셔닝하고 있나요? 경쟁사랑 비교해서 우위를 보일 수 있는 곳이 어디라 생각되나요? 여기서 자신 있는 답이 나올 때에 제대로 포지셔닝이 되었다 할 것입니다.

포지셔닝이 제대로 되었다면, 이제는 소비자에게 다가가야 합니다. 수익을 창출해야 하는 과제입니다. 어떨 때 수익 창출이 가능해질까요?

흔히 진실을 추구하다 보면 언젠가는 소비자가 알아주게 될 거고, 수익으로 연결될 거라 생각하는 이들이 있습니다. 정말 그럴까요? 필자의 대답은 그렇다입니다.

흔히들 쓰는 말로 품질단서라는 말이 있습니다. 그건 어떤 단서가 작용하여, 언젠가는 내 진실을 다들 알아줄 거라는 얘기입니다. 진정한 알짜 기업은 그렇게 될 거라고 필자는 굳게 믿고 있습니다. 하지만, 그 세월까지를 이겨내기란 참으로 어려울 때가 많습니다. 도중에 군자금이 떨어져 지쳐 쓰러져 나가기가 부지기수입니다. 여러 가지 생각지도 못한 부작용이 속출하기도 합니다. 그런데도 과연 이 진실 하나만을 갖고 버텨낼 수 있단 말입니까?

이런 방법이 있겠습니다. 소비자의 시선이랑, 내부구성원의 눈높이를 동일하게 맞추는 일입니다. 다시 말하면, 품질단서가 나올 때까지 기다릴 게 아니라 오히려 능동적으로 그 단서를 발굴해내자는 것입니다. 우리의 진실을 손에 잡히게끔 해서 드러내어 보여주자는 것입니다. 이때의 기법은 부분(단서 clue)을 제시하여 전체(포지셔닝한 바)를 소비자가 스스로 메우게 하는 것입니다. 그 효과로 일단은 사람들이 모일 것입니다. 그러고는 애초에 세운 탄탄한 BM 포지셔닝과 더불어 상승작용을 일으키게 되면, 수익을 창출하는 길 또한 자연스레 열리게 될 것입니다. 이게 바로 마케팅이요, 살아남는 비결이라는 것입니다.

8
적용
— 일해서 남 주자, 리더십 —

흔히들 리더십을 오케스트라 연주의 지휘와도 같이 비유합니다. 아마도 조금의 불협화음이 생겨도 그것이 큰 작품의 오점으로 이어지기 때문에 어느 하나 소홀히 할 수 없는 리더의 입장을 잘 대변한 걸로 보입니다.

저도 요즘은 이 리더십의 이슈로 얼마간을 골머리를 앓고 있습니다. 그러다 며칠 전 밤 KBS '대한민국 길을 묻다'(2009-02-08)에 연사로 나온 김영길 한동대 총장이 '배워서 남 주자'는 얘길 하는 것에서 귀가 번쩍 뜨였답니다. 바로 리더십의 해결이 여기에 있었다는 확신이 들었기 때문입니다.

전에도 밝힌 바와 같이 지금 제가 도모하고 있는 일에는 여러분들의 기여가 필수입니다. 이렇게 저렇게 얽힌 관계이긴 하지만, 문제는 딱히 누구도 만사 제쳐놓고 뛰어들 이는 아무리 눈을 닦고 봐도 없는 듯 보입니다. 그래 자세히 들여다보았더니, 문제는 모두가 자신의 일에 골머리를 파묻기에도 벅차 하고 있다는 겁니다. 후후. 여기서 전 답을 보았습니다. 그래, 그 사람들이 원하는 바를 내가 이루어내어 주자. 그들의 골치 아픈 일거리들을 내가 해소시켜주자는 쪽으로 화和의 답이 나왔답니다.

당연히 내가 에너지를 쏟아야 그분들의 골칫거리가 해결을 볼 수 있음은 명백합니다. 그러면 난 그 대가를 바라는 것도 당연할 테고요. 크흐흐. 하지만 그건 그리 중요하지가 않다는 것이 밝혀졌지요. 바로 배워서 남 주자는 겁니다. 일해서 남 주자는 거지요. 나에게 남는 것은… 하하. 성취감, 그리고 무얼까요? 바로 내가 배웠다는 겁니다. 그건 아무리 남을 주고 또 주어도 내게 고스란히 그 경험과 지혜는 남는 것이 세상 이치였던 거지요. 그걸 깨우친 겁니다.

아무리 그래도 많은 이들이 어리석게도 왜 그러냐고 묻겠지요. 그렇겠죠? 여기 안전장치를 발견했답니다.

애초에 한계를 분명히 나 자신에게 긋고 나아가는 겁니다. 구체적으로 말한다면, 내게 소중했던 일터라 하겠지만 애초에 나랑 같이하는 이들에게 나중엔 고스란히 다 준다는 생각으로 해야 할 것과, 그사이 나 자신의 노력만으로 쌓아가는 것과의 사이를 명확히 구분 짓는 겁니다. 결코 나중에 후회되지 않도록 말입니다. 진정 마음을 비울 수 있는 비결이라 하겠습니다.

결국 사업은 균형감각을 여기서도 잘 발휘해야 한답니다. 많은 이들이 이를 귀찮게 여기다 처음에 포석을 흐릿하게 구분 없이 해놓고선 나중에 서로 다투게 되고 섭섭하게 된답니다. 결국 사업이라는 작품에 큰 오점을 남기게 되는 게지요.

9

평가 및 반추
― 암행어사 출두요 ―

실습과정을 지나고 보니 한두 개의 테마가 빠진 듯 보입니다.

펌프 프라이밍에 해당하는 비즈니스모델이 하나요, 평가 및 반추에 해당하는 암행어사 출두요가 또 하나입니다.

비즈니스모델은 '대교약졸' 다음에 위치하는 것이 맞을 듯하며, '암행어사 출두요'는 '일해서 남 주자' 뒤에 위치하는 것이 프로세스 진행상 맞을 듯합니다. 이로써 팔하나 창의 프로세스가 완성되는 모습입니다.

앞의 것은 비즈니스로서의 수익성 여부를 살핀다 하겠습니다. 뒤의 것은 약방의 감초 격입니다. 각 테마 단계에서 평가 및 통제역할이 기대되고 있으며, 거버넌스를 개선해내는 역할입니다.

다음이 각 단계에서 평가대상이 되는 결과물입니다:

워밍업 - 관심 10개
아이디어 - 메시지 10줄
인큐베이트 - BM 포지셔닝

콘셉트 - 미충족 니즈 10개, 러프한 콘셉트 보드

조사 및 분석 - 결정적 스펙, 핵심편익, 공간지각도

포지셔닝 - 포지셔닝 맵, 서술문

펌프 프라이밍 - 콘셉트보드, 실행 가능한 사업계획서

적용 - 리더십 방안

그리고 각 단계에서 미진했던 바나, 방향타에서 잘못 세워졌던 바가 없는지 살핍니다. 또 여기서는 광범위하게 펼쳐지고 있는 통치 차원의 거버넌스를 한번 점검해보는 역할 또한 기대되고 있습니다.

이렇게 평가를 해내다 보면, 어느 날엔가는 표준화된 평가 기준이 나올 것으로 믿습니다. 그때면 훈련받은 많은 평가위원들이 사회 곳곳에서 제 역할을 해낼 테고, 우리 사회가 한 단계 업그레이드될 수 있을 것입니다~! 제가 가진 비전입니다.

이렇게 개념경영 MBA에서 나온 결과물을 갖고 평가하는 활동을 특별히 SI 업에 배경을 가진 필자의 경우엔 C&C(Convergence & Concept 콘셉트 융합) 컨설팅이라 부릅니다. 통찰력, 경영전략, 고객가치를 창조, 고객관계 관리, 협력자 관리에 뚜렷한 방안이 있는지를 살핍니다. 한편 다른 분야에서 종사하신 분들 경우엔 나름의 또 다른 평가 방식이 얼마든지 등장할 수 있을 거라 보고 있답니다.

그렇게 한 십 년을
보내다 보니

MANAGEMENT BY CONCEPT

1
신생인류의 출현

부제 - 텍스트로만 소통하는 사람 vs 이미지를 활용해서 소통하는 사람

그 옛날 한 삼천 년 전만 해도 중국엔 코끼리가 살았다 합니다. 거기서 나온 글자가 코끼리 상象.

그러다 사람들이 늘어나서 숲이 줄어들고 상아를 탐내는 사냥꾼들로 인해 코끼리 숫자는 현격히 줄어들다 종래엔 중국 땅에서 사라지고 말았나 봅니다. 그러니 옛날에 살았던 코끼리를 재현해서 보여주기 위해 천과 솜, 뼛조각, 상아를 붙여서 형태를 만들고선 이게 코끼리다 했지요. 이렇게 나온 글자가 형상 상像.

사람이 만들어냈다 해서 사람 인 변을 더했습니다.

우린 이렇게 해서 실제의 세계와 개념의 세계를 따로 나누어서 보기 시작했고, 그것이 고스란히 우리가 쓰는 언어에도 반영되기 시작한 거지요.

혹 아시나요? 우린 실제보다도 개념 언어가 우리네 삶에 더 큰 영향을 끼치고 있다는 사실을요!

소비자를 붙들죠, 협력자를 이끌죠, 또 오래도록 기억도 나게 해주는 매직을 콘셉트는 그 자체 속성으로 갖고 있답니다.

그런데….

이런 의미가 있는 글자들은 현대사에 들어오면서는 소리로 전달되는 글자에 비해 현격히 생산성이 저하된다고만 알고 있었지요.

이게 반전되기 시작한 것이 중국의 위챗 등 메신저가 가져다 준 문화입니다.

인터넷 주 소통 수단이 기존의 텍스트에서 이젠 이미지로 변했습니다. 여기서 중국의 한자 문화는 뛰어난 역량을 발휘하기 시작합니다.

미국에서 시작해 이미 확고히 자리 잡은 인터넷 문화를 중국이 따라잡기 시작하여 위챗을 위시한 메신저 문화가 이젠 종주국인 미국보다 먼저 신개념 서비스를 내놓아 업계를 온통 뒤흔들고 있습니다. 그리고 그 근원에는 이 의미, 곧 이미지가 가져다 주는 전달력이 크게 작용하고 있다고 보는 게 제 시각입니다.

한국은 한글이라는 좋은 소통수단이 있습니다. 하지만 이것도 텍스트 위주의 전달력밖엔 갖질 못합니다.

여기에 머물러선 우린 더 이상의 부국강병을 기할 수 없을 것입니다.

그래서 필자가 오랫동안을 연마한 끝에 이제 워크시트 18쪽으로 소통해내는 이미지 소통역량 강화 프로그램을 내놓은 것입니다. 또 다른 상형문자의 등장입니다.

우리가 이미지에 의미를 더해서 소통하게 되면, 남보다 효과적으로 집단창의를 이룰 수 있답니다.

곧 4차 산업의 핵이라는 집단지성을 우리가 구현해낼 수 있게 될 것입니다.

이렇게 해서 잘 훈련된 사람들은 요즘 화두인 AI니 Big Data 같은 디지털 집단지성과 어깨를 나란히 할 수 있을 걸로 사료됩니다.

신생 인류가 등장하는 게지요.

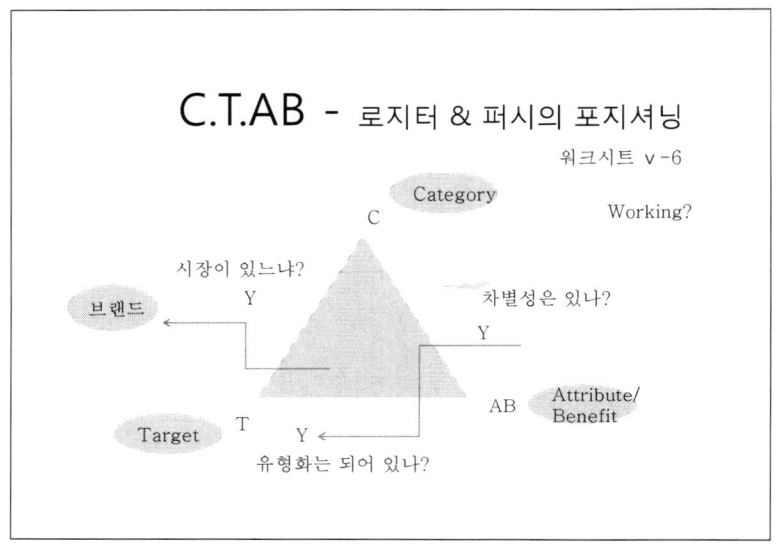

원펀치를 C.T.AB 한번 해보실까요?

카테고리가 있나요? 창업시장 같은 델 가면 BM캔버스, 린 스타트업 등이 있습니다. 그와 유사하다 여겨집니다.

그럼 그네들과 저흰 어떻게 다를까요? 잘 정제된 워크시트로 개념훈련을 해낸다는 것이 저희의 핵심가치제안이 될 터입니다.

우리의 타깃은? 보편적으로 추상화abstract한 워크시트라 일반적으로 일을 도모하시는 분들이 모두가 대상입니다. 기업, 단체, 대학, 심지어는 중 고등학교에 이르기까지가 대상입니다. 손쉽게 길거리 부스를 하나 빌려서도 강좌를 개설합니다.

우리의 브랜드는 '원펀지 강좌'입니다. 귀하께 강력한 원펀치를 갖게 해드립니다.

　포지셔닝 서술문 - 원펀치는 기업, 단체, 대학, 심지어는 중 고등학교를 대상으로 강좌를 개설해 잘 정제된 워크시트로 개념훈련을 해내어, 귀하께서 살아가는 데에 꼭 필요로 하는 강력한 원펀치를 갖게 해드립니다.

2

경험은 지식을 앞섭니다

제가 LG인화원이 개원하던 해에 '창의력 개발과정' 교육프로그램 개발에 참여하고, 전 임직원을 대상으로 일 년간 가르친 적이 있습니다.

그 이후로 줄곧 저는 이 학습방식을 연마해왔고, 이젠 거의 완성 즈음이라 가르쳐 보려 나섰습니다.

내용인즉슨, 워크시트 1~18쪽을 하나씩 올려놓고선 같이 일하는 팀들이 원하는 바 일을 도모할 수 있게 해줍니다. 창의와 소통, 통찰력 찾기에 아주 효과적인 방법이랍니다. 특별히 개념이 바로 서게 해줍니다.

어떤 일의 도모에도 다 적용이 가능하게 추상화abstract가 된 워크시트입니다.

그럼, 이 워크시트를 활용해서 소통하는 집단지성 네트워크는 어떻게 해서 AI니, Big data 등과 경쟁을 할 수 있다는 걸까요?

우린 아날로그 경험이라면, 쟤네들은 디지털 경험입니다. 분명한 차별화를 가져다 줄 것입니다.

차라리 우리의 경쟁은 공유 모델들이 되질 않을까요?

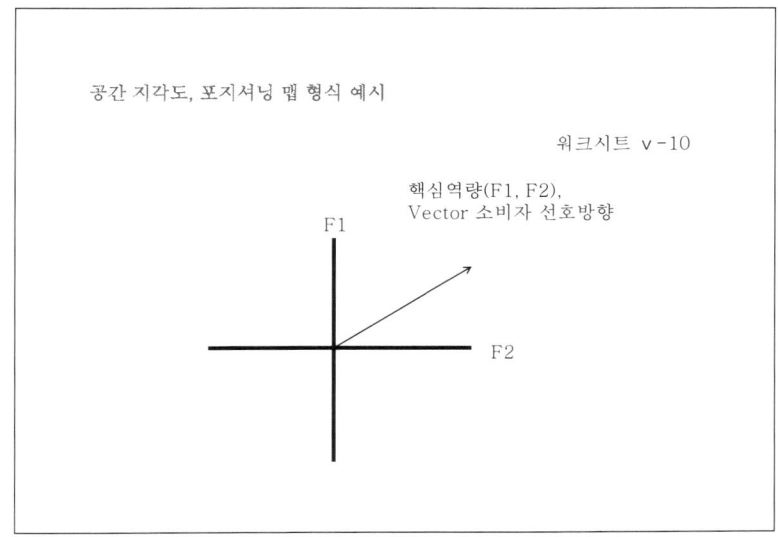

공간 지각도, 포지셔닝 맵 형식 예시

워크시트 v-10

핵심역량(F1, F2),
Vector 소비자 선호방향

F1

F2

F1- 협동, F2- 공유

SNS가 가져다 주는 세상으로는 한계가 있습니다. CNS(Cooperative Network Service)가 더할 때에 보다 나은 세상을 가져다 줄 것입니다.

플랫폼이 만들어주는 콘텐츠의 범주에 속하는 걸로는 이베이 페이스북 위키피디아 등이 있을 텝니다. 수강생들이 하나둘 늘어나 너도나도 원펀치를 갖추어 소통하게 되면 우리도 그 범주에 나란히 오를 수 있지 않을까요?

다만 우린 공유가 아닌 협동 모델입니다. 협동에 가까운 모델로는 에어비앤비 우버 등이 있겠네요.

하지만 그네들도 여전히 공유 모델에서 완전히 벗어나진 못한 걸로 보입니다. 그에 반해 저흰 협동 모델을 최초로 구현해내지 않았을까 사료됩니다. 진정한 의미에서 카테고리 창출자 즉, first mover가 아마도 될 수 있을 것입니다.

3

백문이 불여일견

― 원펀치 펌프 프라이밍 ―

안녕하세요. 새해 벽두에 인사드립니다.

제가 한 십오 년 공부 끝에 최근에야 교육 프로그램을 하나 완성을 보았습니다.

'워크시트 18쪽으로 팀원들과 소통해내는 경영에서의 통찰력 찾기 훈련과정'이라 합니다.

짧게는 '원펀치' 강좌라 해서, 경영 공부하시는 분들께 강력한 원펀치를 갖게 해드리는 내용입니다.

주위에서 이런 강좌를 개설할 만한 곳이 있으면 소개해주심 고맙겠습니다.

대개는 기업, 단체, 대학, 심지어는 중 고등학교까지 대상이 될 수 있을 걸로 사료됩니다.

무술년 새해엔 건강하시고, 좋은 일들이 많이 있으시길 기원드립니다.

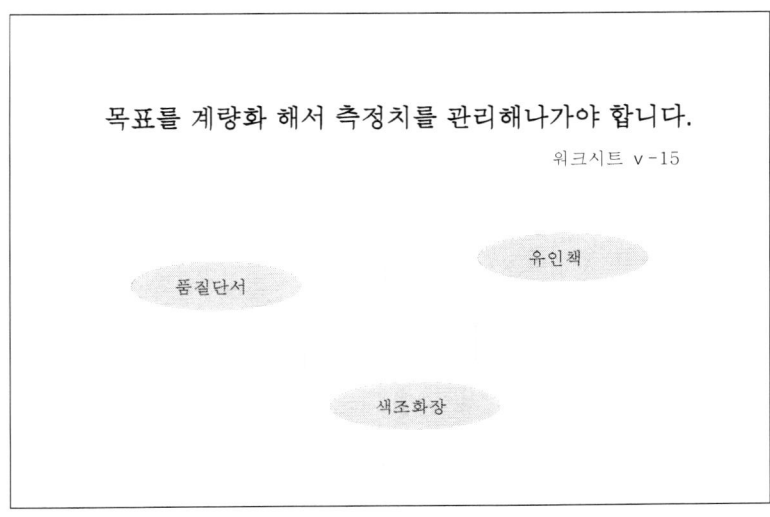

목표를 계량화 해서 측정치를 관리해나가야 합니다.

워크시트 v-15

유인책

품질단서

색조화장

품질단서 - 원펀치 강좌에선 실제 살아있는 사례로 워크시트를 활용해내는 실습을 합니다.

색조화장 - 각 곳 출강 소식 혹은 거기서 나온 에피소드에 기반한 스토리텔링 마케팅(추상화 객관화시켜 콘셉트만을 다루기 때문에 보안 우려는 일절 없음).

유인책 - 구글 네이버 온오프믹스 검색 '원펀치' '원펀치 강좌'

4
객체구현 기술
─ 유형화, 개념화 ─

이번에 원펀치가 확실히 한 스텝 밟고 올라선 걸 느낍니다.

이게 다 palhana.com, ibooth.net가 제 자리를 잡도록 객체구현을 해낸 덕분입니다. palhana는 페이스북 그룹으로, ibooth는 페이지로 포워딩해 활성화를 이루어냈습니다.

여기서 좀 더 나아가기 위해서는 장기적으로 책자를 하나 발행해야 할 거라는 생각이 들었습니다.

이전에 제가 2012년도 11월에 도서출판 다사랑을 통해서 출간한 책자가 하나 있어요. 『개념경영』이란 제호였습니다. 부제를 'ManagementByConcep.com'이라 썼습니다.

한동안 잊고 있었던 그 도메인 www.managementbyconcept.com을 오늘 다시 찾아왔습니다.

그러고는 제일 적합한 채널인 페이스북 제 프로필 사이트에다 포워딩했습니다.

이제 원펀치 강좌를 널리 소개하는 글을 하나씩 거기에다 올려 나가는 겁니다. 아마도 개념훈련하는 내용이 주가 될 듯합니다.

그렇게 해서 얼마가 지나고 나면, 어느 날엔가는 개념경영 2판이 출간될 수 있을 겁니다.

우리의 원펀치 강좌가 좀 더 탄력을 받게 될 것임은 물론이지요.

객체지향 시스템 모델링

워크시트 v-18

어떤 이의 작업과도 잘 어울릴 수 있게끔 시스템을 구현

CHAPTER
4

원펀치 강좌가 제안하는
핵심편익입니다

MANAGEMENT BY CONCEPT

1
열악한 환경이
사람을 만듭니다

우린 좋은 환경에서만 꼭 훌륭한 사람을 길러낼 수 있는 건 아닙니다. 물론 좋은 선생을 만나고, 부모를 만나면 우린 쉽게 잘 성장할 수 있습니다. 하지만 거기엔 고난이란 세월이 가져다 주는 지혜는 어쩜 빠진지도 모릅니다.

사람은 고난과 시련을 통해서 성장하고 지혜를 얻기도 하지요.

문제는 이 고난과 시련을 다같이 겪더라도 어떤 이는 그걸 통해서 성장하고 지혜를 얻지만, 다른 이들은 그렇지가 못하다는 겁니다.

무엇이 이를 좌우하는 걸까요?

그렇습니다. 필자는 자신의 몸속에 체득시켜내야 한다는 걸 주장합니다.

그러기 위한 한 방편으로 전 워크시트를 통한 소통을 연마하기 시작해 이젠 어언 30년째에 접어드나 봅니다.

세월을 낚는 강태공이 된 느낌입니다.

원펀치 강좌 - 강남 토즈타워점

신청등록 먼저 하시고, 출석 바랍니다.

일시 - 1월 10일 (수) 19시 30분 ~ 21시 30분

장소 - 강남 토즈타워점(강남역 1, 2번 출구)

워크시트를 올리고선 팀원끼리 일 도모하는 노하우를 전수해드려 귀하께 강력한 원펀치를 갖게 해드리겠습니다.

우린 개념을 잘 다스리게 되면, 올바른 인식을 가져갈 수 있게 되고, 그로 인해 일천하고 부족한 경험세계를 메울 수 있다는 이치를 귀하의 살아있는 사례로 직접 보게 해드립니다.

https://onoffmix.com/event/126834

2
견골상상

필자는 개념을 얘기할 때에 코끼리를 곧잘 그 비유로 들곤 합니다. 그 사연을 이제는 분명히 얘기드릴 수 있겠다는 생각에서 다시 함 글을 올려봅니다.

코끼리는 원래부터 우리 사람들에겐 신비의 동물이었나 봅니다. 그 옛날 중국의 하북 지방에 코끼리가 살았다 합니다. 그리고 사람들은 그 코끼리를 얘기하는 것을 좋아했나 봅니다. 근데, 그것이 도리어 화를 불러 그만 코끼리들은 자취를 감추었다 합니다. 사람과의 공생이 애초부터 안 되는 동물이었기 때문입니다. 마치 한국에서 호랑이가 자취를 감춘 거랑 다를 바 없다 여겨집니다.

그러니 하는 수 없이 사람들은 남아있는 코끼리의 뼈를 맞추어 보면서 코끼리의 모양을 떠올렸다 합니다. 이게 견골상상(見骨想象)입니다. 자연히 코끼리 象자가 이미지라는 뜻을 내포하고 있는 연유입니다.

자, 여기서 우리들의 관심으로 돌아가봅시다. 팩트fact를 내밀면 사람들은 통상은 그게 뭔지를 모릅니다. 하지만 그 팩트가 어떤 이미지를 떠오르게 한다면 어찌 될까요? 그건 워킹한다는 겁니다. 이때의 팩트를 우린 실마리clue라 하고, 그 떠오르는 이미지를 개념 concept이라 합니다. 그러니 기실은 이 실마리가 되는 팩트를 잘 다스려서 이미지를 심어가는 행위를 우리가 소홀히 하다가는 판판이 나가떨어지고 마는 것입니다. 그런가요?

그 효과는 실로 지대합니다. 소비자를 붙들고, 협력자에겐 리더십을 갖추게 합니다. 또한 오래도록 기억도 나게 해줍니다.

개념화해내는 노하우를 익혀야 한다고 필자가 주장하고 있는 사연이랍니다.

3
굴절어, 교착어, 고립어

세상에 수많은 언어들이 있지만, 그들은 모두 이 셋으로 다 분류된다 합니다.

영어나 인도아리안 계통 언어가 굴절어입니다. 각각의 단어가 굴절 변형되면서 달라진 의미를 보여줍니다.

한편 일본어, 한국어, 몽골어 등은 교착어라 합니다. 단어의 후미에 다양한 조사를 붙여서 의미를 다르게 드러내는 방식입니다.

그에 반해 중국, 동남아에서 쓰는 고립어에서 하나의 글자는 오로지 하나만 의미합니다. 변형을 가하지 않습니다.

교착어와 고립어만 놓고 보면 전자는 작은 나라 안에서 아기자기한 얘길 주고받을 수 있어 좋아 보이고, 후자는 큰 나라에서 많은 사람들이 일사불란하게 소통할 수 있으니 좋아 보인다 할 것입니다.

각기 나라 형편에 따라 자기에게 적합한 언어들을 택하고 개선 적용해왔다 할 수 있습니다.

그 결과 교착어를 쓰는 사람들은 구체적인 묘사에 능하고, 고립어를 쓰는 사람들은 개념적인 서술에 능하게 변해왔다 할 것이며,

지금의 국력이나 사업에 있어서도 분야별로 그 역량 차이를 드러내고 있습니다.

그리고 굴절어를 쓰는 이들이 어찌 되었건 지금까지 인류발전을 선도해온 것에도 이 언어가 가져다 준 영향이 없다 하진 못할 것입니다.

어쩜 교착어를 쓰는 이들에게 고립어가 가져다 주는 강점을 익힐 수 있는 학습방안을 찾아내어 보완해낼 수만 있다면, 우리 민족에게도 기회가 올 거라는 게 필자의 생각입니다.

4
어떤 경우에는 체계적으로
배우지 않아도 된답니다

우린 통상은 기초부터 단단히 해서 나아가는 것이 좋다는 것을 알고 있습니다.

아마도 그래서 초·중·고 6·3·3의 교육제도가 나온 것일 터입니다.

그리고 사람에 따라선 대학대학원 42를 밟는 것이 필요하기도 합니다. 하지만 꼭 그렇게 정식 코스를 밟을 필요가 없는 경우도 허다하답니다.

예를 한번 들어보죠.

그 옛날에는 여차여차한 이유로 여성이 교육 기회를 맞을 기회가 별로 없었답니다. 그렇지만, 어떤 여성분은 어느 교육을 받은 분들 못지않게 지혜롭고 인간사에 뛰어나셨다는 분들 얘기를 심심찮게 듣고 있습니다. 이런 분들은 그저 삶 속에서 스스로 배우고 깨우침을 얻으신 분들입니다.

또 하나 예를 들어 봅니다.

바둑 프로가 되고 싶다면, 아마도 종로 5간가에 위치한 한국기원을 나가는 것이 훨씬 유리할 것입니다.

그렇지만 그저 즐기는 수준을 원한다면 근처 동네 기원이나 어디 사랑방을 찾는 것이 좋을 겁니다.

거기서 즐기다 스스로 깨우침을 얻어가는 것도 소소한 재미가 있어 어쩜 더욱 빨리 바둑의 노하우를 익힐 수 있을지도 모릅니다.

이런 이치는 그대로 경영에도 적용이 되질 않을까요?

그저 직관적으로 보아서 딱 오는 감을 잡으시면 되는 학습훈련 방식도 있을 겁니다.

5

추상화, 객관화할 줄을 알게 되면
훨씬 성숙한 모습으로
소통이 가능해집니다

우린 의논을 나눌 때에 실제로 마주 앉아서 하는 것보다는 각자가 혼자서 책상머리에 컴을 켜고선 메신저 등으로 나누는 것이 더욱 좋은 성과를 낸다는 사실에 놀라곤 합니다.

왜 그럴까요?

마주 앉으면 출석하신 분들이 갖고 있는 주체성향이 다른 이들의 정서에 영향을 미쳐 객관적인 생각을 갖질 못하게 하는 분위기 때문입니다. 맞나요?

우린 너무도 쉽사리 감정에 휩싸이는 직장 상사들을 종종 발견합니다. 주체성이 강한 유전자 때문이라 필자는 보고 있지요.

우리 같은 성품의 사람들은 차라리 만나는 시간엔 일 도모를 위해 의견을 나누기보다는, 서로 간 감정을 다스리는 용도로 쓰는 것이 맞겠다는 생각을 전 평소에 갖고 있어요. 레크리에이션이나 회식 같은 거죠.

요즘 와서 부쩍 느끼지만 일을 도모하는 주제의 카톡방은 정말 최악입니다. 서로가 주관이 너무 뚜렷해가지고선 도무지 남의 애기를 들어주질 않습니다. 다들 자기 주장밖에 없으니 소통이 될 리가 만무합니다. 이런 경우엔 만나서 갖는 미팅보다 나을 게 하나 없어요. 정말 우린 구제불능일까요?

적어도 이웃한 나라들은 그런 소통 문제들이 크게 사회적으로 이슈가 되는 걸 들어본 적이 없어요.

여기서도 오락 같은 주제는 그래도 제법 작동되는 걸 보면 우린 역시 엔터테인먼트밖에는 SNS 용도가 더 이상 확장되질 못하는 문명 같습니다. 안타깝지 않으세요?

요는 우리에겐 사태를 객관적으로 볼 수 있게 해주는 객체 유전자가 넘 부족해서 이런 일이 벌어지고 있다는 게 제 진단입니다. 동의하시나요?

그걸 극복하게 해주는 방안을 전 일정한 규칙이 내재된 워크시트를 활용한 소통에서 찾았습니다. 말하자면 설문 같은 거죠. 다만 사전에 약정된 도표 같은 걸 채우면서는 의견을 나누는 방식입니다.

오랫동안 실습을 해오면서는 잘 정제된 18쪽의 워크시트가 나왔고, 이 시트를 채우면서 소통하다 보면, 우린 언제 어디서나 창의가 넘쳐나면서 일 도모를 위한 개념이 바로 서고 있는 스스로를 발견하고선 놀라게 됩니다.

같이 소통하는 상대 역시 동일한 규칙에 따라 개념을 바르게 세워가니 논의 나누고자 하는 사안에 대해 서로가 상대랑 충분히 의논을 나눌 수 있게 해줍니다.

그럼 이렇게 개념훈련 해서 우리가 익히게 되는 노하우를 한 마디로 정의 내린다면?

드러낼 건 확실히 드러내고, 감출 건 철저히 감춰 버리는 기술을 연마한다 할 것입니다. 다만 철저히 팩트에 근거해야 합니다.

거기에 한두 개 더한다면, 묶어서 얘기하고(추상화abstract) 적합한 이름을 지어 불러준다는 정도입니다.

6
개념훈련
— 상상상 익스텐션 —

다시 코끼리 이야기입니다. 우린 기억해야 할 세 가지 상이 있습니다. 하나가 코끼리 상象 또 하나가 사물 상像 그리고 마지막 하나가 마음에 자리하는 상想입니다.

그 옛날 중국의 하북 지방에도 코끼리가 살았다 합니다. 사람들이 이 거대한 짐승을 보았으나, 얘기할 때에 자신이 본 특징만을 드러내니 서로 간에 의사소통이 일지 않았습니다. 그러다 코끼리 상이란 이름을 부여하고 나니, 그 코끼리라는 사물의 이미지가 잡히게 되어 서로 간에 소통이 가능해졌다 합니다. 이가 사물 상입니다.

처음의 그 짐승은 실체를 말합니다. 그건 김춘수의 꽃이란 시에서 나오는 하나의 몸짓에 지나지 않는 모양, 내용, 스펙, 제품 등을 일컬음입니다. 이름을 지어 불러주기 이전의 상태입니다. 반면에, 코끼리 상이니 사물 상은 사람이 그 사물에다 붙여서 부르는 이름이요, 거기서 떠오르는 형상입니다. 그건 약속이고, 언어로 표현되고, 개념이니 콘셉트라는 용어로 얘기들 합니다.

마지막 마음에 자리하는 상은 그것이 우리의 마음속에 들어와서 자리를 잡아가는 메커니즘을 말합니다. 우린 마음속에 혹은 머릿속에 시냅스(기억인자, 학습 방)로 자리 잡지 않은 경우엔 아무리 진실이 열심으로 다가와도 거부하고 맙니다. 학습되지 않은 것에 대한 거부입니다. 그러니 누군가가 소비자를 미리 학습시킬 수만 있다면, 과감히 나설 것을 권합니다. 다만, 바꾸는 게 여간 어렵지가 않습니다. 이걸 마케팅에서는 선도우위효과라 부르고, 이렇게 생긴 이미지는 표상表象이라 하여 그 범주를 대표하는 제품/서비스가 되는 겁니다.

물론 이때 실체가 그 어떤 가치도 얹어주지 못한다면, 이 모든 콘셉트를 만들어내는 일은 허사가 되고야 말 것입니다. 그렇지만 이렇게 콘셉트부터 잡아가다 보면 자연스레 실체가 거기에 어울리게끔 제 가치를 찾아가는 현상을 제가 발견했다는 겁니다. 말하자면 콘셉트 경영은 그 자체로써 우리가 갖고 있던 지식을 어떤 개념에 올라타는 데에서부터 시작해 가치 있는 작품 탄생에까지 이르게 해준다는 것입니다.

이런 얘기는 제가 거의 십 년 전부터 떠들어왔던 얘깁니다. 하지만 저 멀리 서양에서도 저랑 비슷한 생각을 가진 이가 있었답니다. 『코끼리는 생각하지 마』(Don't Think of an Elephant, 유나영 옮김, 삼인, 2006)를 지은 인지언어학의 창시자 조지 레이코프입니다. 미국의 진보세력인 민주당이 선거에서 늘 패배하던 시절, 2004년, 그 분위기를 반전하고자 주창하던 내용이 책으로 나왔습니다.

여기서 코끼리는 저랑은 사뭇 다른 내용의 은유로 쓰입니다. 공화당이 주창하는 프레임(세상을 보는 시각을 개념으로 정의, 엄격한 아버지의 가족 모델)을 민주당에서 다시 거론한다면, 그건 그네들의 프레임을 상승 작용하도록 도와주는 꼴이 된다. 그러니 아예 그 프레임은 무시해버리고 완전히 새로운 우리만의 프레임(자상한 부모의 가족 모델)을 만들어서 주창해나가야 한다라는 주장을 펼칩니다. 이때에 공화당의 프레임을 일컬어 코끼리라 합니다.

코끼리는 생각하지 마, 남이 만들어 놓은 학습방을 건들지 마라. 대신에 우리의 학습방을 새롭게 만들어서 사람들로 하여금 익숙해지도록 만들라는 주문입니다. 이따 얘기하겠지만, 어쭙잖게 차별화를 기하려다 보면 오히려 경쟁사를 도와주는 격이 되니, 아예 우리가 새로운 시장범주를 만들어서 그걸 소비자에게 학습시켜 나가는 것이 오히려 현명하다는 거지요.

이는 제가 강좌에서 자주 얘기하던 내용입니다. 그 거대한 짐승의 실체가 무엇인지를 아예 알려고 하지도 말고, 그냥 우리의 개념을 만들어 내고 소비자를 붙잡는 데에만 몰두하는 것에서부터 시작하는 것이 어떨 땐 오히려 현명하다 하지 않았나요? 제 얘기랑 그리 동 떨어지지가 않다는 것이 필자의 생각입니다. 이때의 코끼리란 우리의 경우로 본다면… 실체요, 스펙이 되는 겁니다.

여기에 굿 뉴스Good news가 있습니다. 우린 갖고 있는 스펙을 잘 활용해서 유형화, 개념화할 줄을 알게 되면, 이제는 천하무적의 능력을 갖게 됩니다.

다음 글에서 깨우침을 얻으시기 바랍니다:

많은 이들이 상像으로 보고, 느끼고, 생각하고 살아간다. 심지어는 자신의 실체가 뭔지도 모르면서… 여기서 상이란 콘셉트를 말하며, 실체란 제품 혹은 스펙, 내용을 말한다 하겠다. 그럼 업을 도모하는 이가 이 상에다 초점을 맞추어야 함은 당연지사. 곧 콘셉트를 다듬어야 성공한다는 것이 결론이다. 바로 개념훈련이 왜 필요한지를 일깨워준다. 그랬을 때 얻게 되는 효과다. 소비자를 붙든다. 협력자에게 통일된 생각을 이끌어 낸다. 상想이 맺히게 해서, 쉽게 기억도 나게 해준다.

상과 실체 간에 괴리가 있다는 현상은 우리에게 배드 뉴스bad news와 굿 뉴스good news를 공히 들려준다. 먼저 배드 뉴스다. 기업주가 아무리 노력해도 자신의 제품이나 서비스가 소비자로부터 외면당하고 만다. 마케팅 용어로 인지부조화라 일컫는다. 그 이유는 바로 이 괴리현상 때문이다. 경영상식이니 경영이론을 아무리 배우고 적용해보나, 도무지 먹혀들지가 않는다. 이로 인해 참으로 비참한 경우를 당하는 사업자를 필자는 수도 없이 보아왔다. 나 스스로도 그렇게 고통 속에서 나날을 보낸 적이 있었음은 물론이다.

다음은 굿 뉴스다. 우린 이 둘 간의 갭을 잘만 메울 수 있다면, 자신의 업에서 놀라운 실적을 올릴 수 있다. 두 가지 기법이 있는데, 그 하나가 유형화, 눈에 보이게끔 해서 극복하는 것이다. 그리고 그 둘이 개념화, 언어로 가슴에 와 닿게끔 해서 극복한다. 이 둘은 모두가 콘셉트력을 끌어 올려서 소비자의 눈높이에다 맞추는 기능을 한다. 놀라운 결실을 볼 수 있으니, 필자는 매직이라 부른다.

PART
2

살아있는 사례로
실습에 들어갑니다

MANAGEMENT BY CONCEPT

CHAPTER

5

워밍업

MANAGEMENT BY CONCEPT

1

시트1 워밍업

이론적인 내용은 이미 함 훑었으니깐, 이제 실제로 워크시트 1~18쪽을 하나씩 밟아 보도록 하겠습니다. 이름하여 원펀치 강좌가 되겠습니다.

관심 30개를 적으세요

워크시트 v-1

여기서 귀하께선 #개념훈련, #자기계발, #집단지성, #역량강화 지표가 혹 스스로에게서 올라가고 있는지를 함 지켜보아 주시겠어요?

현재 귀하께서 갖고 계신 관심 30개를 브레인스토밍하듯이 한 함 나열해보시기 바랍니다.

중국 가서 아침에 공원엘 나가면 사람들이 태극권을 연마하는 걸 쉽게 봅니다. 그저 몸 풀듯이 가볍게 동작을 따라 합니다. 원펀 치도 그렇게 가볍게 따라 하면서 연마하심 됩니다. 먼저 저부터 합 니다.

원펀치강좌, 팀웍, 개념경영, 블록체인, 가상화폐, 인공지능, 스몰 데이터, 화식이, 광훈이, 페이스북, 이름, 도메인, 유형화, 개념화, 아 내, 큰아들, 손주, 애미, 애비, 형, 여동생, 남선교회, 성령충만, 김정 수 목사님, 가치, 관계, 삶, 인생, 자유민주, 북핵, 서방연합, 동방연 합, 이슬람연합, 문화, 문명, 사회

이렇게 함 스크리닝하고 나니깐, 저도 비로소 제가 갖고 있는 올 해의 관심사가 드러나는군요. 아무런 제약 없이 그냥 떠오르는 대 로 적어보는 겁니다.

어때요, 귀하께서도 한번 해보심이~.

2

시트 2 효율적인 회의진행

인간은 사회적 동물이라 아리스토텔레스가 했다 합니다. 물 공기 햇볕이 우리 동물들이 살아가는 데에 적합한 자연환경을 제공했다면, 거기서 인간은 다른 동물과는 달리 특이한 기능을 하는 브레인을 가졌다는 겁니다.

이웃한 이들과 같이 살아가는 지혜가 거기서 나왔지요.

우리 인간은 시간이란 개념을 만들어 냈습니다. 그리고는 해마다 이맘때쯤이면, 올 한 해를 설계하고 서로의 안녕과 복을 빌면서 인사를 나누고선 다시금 힘을 곧추세웁니다.

또 언어란 개념을 만들어 냈습니다. 그리고는 서로 간에 소통하고, 무리를 이루어 힘을 결집해서 어떤 일이든 도모해낼 수 있게 되었습니다.

그 외에도 숱한 개념을 우린 만들어내고선, 공동으로 뭔가를 성취해온 것이 우리 인간의 역사라 하겠습니다. 맞나요?

오로지 인간만이 이런 개념탄생이란 창조적인 활동을 해올 수 있었습니다.

그래서 일찍이 이런 사회적 동물이라는 정의가 내려진 걸로 사료됩니다. 처음에 이 말은 어마한 깨우침으로 여겨졌을 것입니다.

자, 오늘은 필자가 또 하나의 개념을 우리 함 설계해보지 않으시
겠냐는 제안입니다. 너도나도 골머리를 앓고 있는 주제인 경영이란
개념을 다시 조명해서 들여다보는 책자를 우리같이 함 만들어내어
보실까요? 이름하여 『개념경영』 2판(2012년 11월에 나옴, 도서출판 다사랑)
이라 하겠습니다.

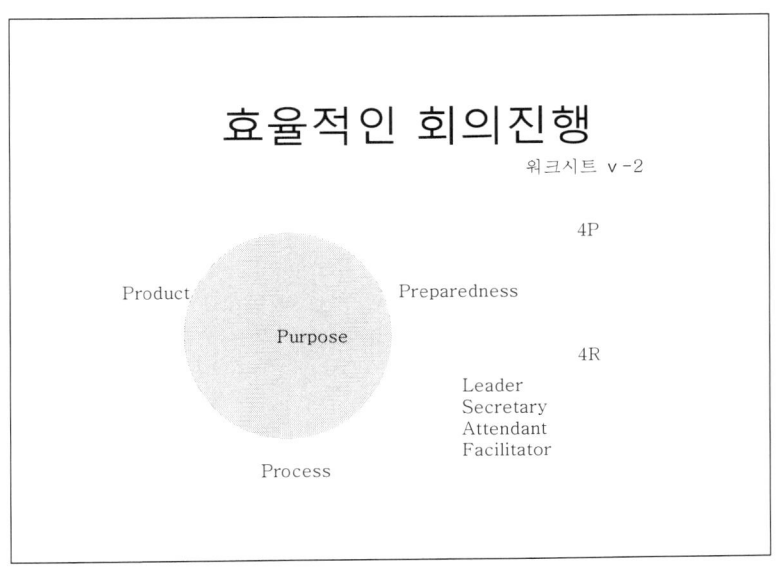

먼저 4R입니다.

사회자는 제가 되겠네요. 서기도 역시 저, 출석자는 여러분들이
되시겠습니다. 그리고 촉진자, 이게 중요한 역할인데요, 아직은 계
속 제가 맡아야 할 거 같습니다.

다음 4P입니다.

제가 제안한 목적이 우리 다같이 『개념경영』 2판 책자를 함 만들

어내어 보자입니다.

그럼 결과물은 개념경영 2판 원고가 됩니다.

준비물은 뭘까요? 페이스북 네트워크를 활용해야죠.

어떤 절차를 밟아야 하죠? 우린 살아있는 실습을 여기서 해낼 겁니다. 그것도 주제를 각기 달리해서 한 세 차례 정도 해서 마치고 나면 한 2~3백 쪽의 원고가 나올 테고, 적당히 서문 달고 부록을 몇 개 붙여서 한 권 책자를 탄생시킬 수 있을 것입니다.

이렇게 우린 규약을 만들어내고, 거기에 우리의 관심사를 맞추어내어 소통하다 보면 집단으로 창의와 지성을 발휘해낼 수가 있다는 것을 여러분의 눈에 직접 와 닿게 보여드리는 것이 원펀치 강좌가 드리는 핵심편익이 되겠습니다.

3
시트 3 귀 기울이기

나를 돌아보게 하는 질문들에 함 답해보세요.

이건 사업을 도모한다는 상황에 맞추어낸 질문입니다. 다른 상황에선 다른 질문이 나올 수 있겠지요. 하지만 일을 도모한다는 차원에선 대개는 비슷할 걸로 사료됩니다.

그저 답하다 보면 제 처지가 드러나고, 아~ 할까 말까가 판가름 나지요.

다음 이슈에 답해 보시겠어요

워크시트 v -3

1. 난 창업할 태도가 되어 있나,
2. 왜 창업해야 하지,
3. 창업자금은 어떻게 마련하나,
4. 내 아이템은 정부지원 자금을 받아내기에 적합할까?,
5. 아이템은 어떻게 발굴해내나,
6. 내가 찾은 아이템으로 과연 비즈니스가 될까,
7. 세상엔 어떤 가치를 창출해줄까?,
8. 사람들은 무엇에 관심 있나,
9. 내 소비자는 누구지,
10. 과연 내 아이템에 소비자는 얼마나 돈을 지불할까,
11. 내 아이템을 어떻게 객체로(기술로) 구현해낼까,
12. 상표나 특허장치는 해낼 수 있나,
13. 누구랑 같이 갈까,
14. 만일에 실패라도 하게 되면 난 어찌될까

---

1. 2. 창업이라기보다는 이 일을 도모할까 말까라 하겠죠. 전 『개념경영』 2판을 이젠 내야 할 겁니다. 벌써 6년이 지났으니깐요.

3. 4. 뭐 돈 드는 건 아니죠. 정부지원은 더더구나 아닙니다.

5. 6. 페이스북에서 글을 한 꼭지씩 올리다 보면 소비자의 눈높이에 딱 맞는 게 나올 겁니다. 그리고 어느 날엔가는 원펀치 강좌가 열리게 될 겁니다.

7. 글쎄요, 새롭게 보다 효과적으로 소통하는 세상이 열리지 않을까요?

8. 돈 버는 데 온통 관심이 쏠려있는 거 같더군요.

9. 내 소비자는 페이스북 친구들입니다. 조금은 호기심도 있고 새로운 문화를 접하는 걸 좋아하시는 분들이죠.

10. 글쎄요, 돈을 지불하는 거랑은 뭐 별 상관이 없겠죠. 다만, 강의를 듣고 싶다는 분은 나올 수 있지 않을까요?

11. 12. 궁극적으로는 책자 한 권 만들어내는 겁니다. 저작권은 당연히 거기서 나오는 거죠.

13. 하다 보면, 모니터링 해주시는 분들이 나올 겁니다.

14. 뭐 시간만 죽이는 거 아닐까요? 나이 먹어 이제 갖고 있는 거라곤 시간밖에 없는데요.

4
시트4 목적기술구조도

우린 가치 중심의 사고를 해야 합니다. 그래야 사람들이 궁극적으로 내게 지갑을 엽니다.

혼히들 사람들은 쉽게 관계에서 승부를 보려 합니다. 그렇지만, 가치가 없는 관계만으로는 우린 불안하기만 합니다.

그럼, 어떻게 우린 그 가치의 척도를 매겨낼 수가 있을까요?

그건 강한 필요성에서 나오지 않을까요? 내가 상대 처지가 되는 훈련을 계속하다 보면, 맞추어낼 수 있게 됩니다.

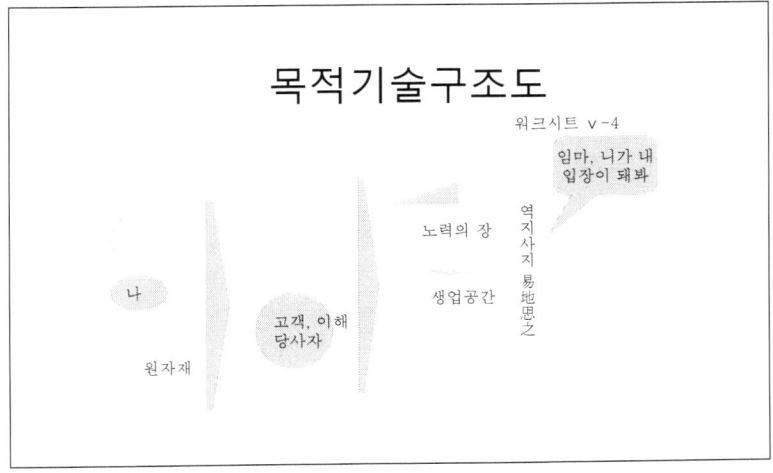

제 경우는 수강생들이 고객이요, 이해당사자가 되겠습니다. 그럼 그분들의 생업공간은 곧 취업, 창업, #자기계발, #역량강화 등이 되질 않을까요?

'원펀치 - 콘셉트에 의한 경영'이란 이슈로 몇 차례 살아있는 주제를 선정해 실습하다 보면, 그분들께 #개념훈련, #집단지성이란 가치를 얹어다 드리게 되질 않을까요?

그럼 그게 고객 입장에선 생업공간이지만 곧 제 노력의 장이 된다는 겁니다. 부지런히 워크시트 실습을 해내다 보면, 달성되는 제 목표가 되는 게지요.

왜 이렇게 목적을 구조적으로 기술하게 되었을까요?

일단 목표가 정확해지고 나면 그게 달성되는 건 시간문제니간요.

일을 도모하겠다면 정확한 포지셔닝이 우선해야 합니다. 그래야 창의와 기획담당 뇌세포가 활성화됩니다.

… 전두엽 외측에 창의와 기획센터가 있습니다. 이를 활성화하려면 우선 목표가 구체적으로 있어야 합니다. 5,000억 개의 뇌세포는 '목표'라는 명령이 없으면 움직이지 않습니다.

앞쪽 뇌 팔팔해야 창의력 쑥쑥… 꿈·목표 세우면 뇌도 깨어난다

"창의력을 높이려면 앞쪽 뇌를 키워야 합니다." 삼성서울병원 뇌신경센터 나덕렬(신경과 교수) 소장은 "우리 교육은 암기 위주로 해마(海馬) 등 뒤…

출처: NEWS.CHOSUN.COM

5

It's a concept!

주인공이 외치는 한 마디 소리가 이 영화의 모든 걸 말해줍니다.

딱 두 가지 메뉴로 15센트에 판매하는 햄버거 가게를 우연히 가보게 된 이 주인공은 그 가게 이름이 맥도날드라는 걸 듣고선 무릎을 딱~! 칩니다.

이게 <u>ManagementByConcept.com</u>이라는 겁니다.

개념은 알아보는 사람만이 경영에 쓸 수 있습니다. 그렇지 못한 사람에겐 기회를 놓쳐버리는 일만이 남는 거지요.

The Founder(2016)

Directed by John Lee Hancock. With Michael Keaton, Nick Offerman, John Carroll Lynch, Linda Cardellini. The story of Ray Kroc, a salesman who turned two brothers' innovative fast food eatery, McDonald's, into the biggest restaurant business in the world, with a combination of ambition, persistence, …

출처: www.IMDB.com

6
포워딩 조회수 비교

제가 갖고 있는 도메인들은 거의가 기존 모듈들을 활용해서 포워딩해 쓰고 있습니다. 그 조회 숫자를 함 비교해보는 것은 제법 의미가 있답니다. 아래 캡처는 <u>ibooth.net</u>, <u>palhana.com</u>, <u>donghan.com</u>, <u>ManagementByConcept.com</u> 순입니다.

조회수가 많기로는 donghan, palhana, ibooth, MBC 순이네요. 어디 봅시다. 앞으로 언제 어떻게 바뀔런지를~

동한은 아무래도 중국 사람들이 많이 조회해서일 거라 봐요. (유방이 연 한나라 왕조를 서한, 광무제가 연 후한 왕조를 동한이라 하지요) 그걸 제외하면 팔하나가 지금은 앞서고 있네요. MBC가 지금은 꼴찌지만, 곧 일등 자리를 찾아가질 않을까라는 게 제 전망~.

그 이유는? 앞의 글 맥도날드의 실마리와 콘셉트랑 거의 같은 사연입니다. 워크시트로 소통하는 실사례를 보여드리는 것이 팩트요, 원펀치가 우리의 실마리라면, '콘셉트에 의한 경영ManagementByConcept.com'이 우리의 콘셉트가 될 테니깐요.

요는 실마리와 콘셉트라는 겁니다. 팩트가 자신 있고, 거기서 콘셉트가 잘 도출되게 할 수만 있다면 우린 백전백승한다는 게지요.

시트 5 인큐베이터

저는 지난 세월 여행을 제법 다닌 거 같습니다.

아내랑 얘들이랑 동남아 여행, 미국 뉴저지, 그랜드캐년, 라스베가스, 엘에이를 갔다 왔습니다.

출장 간다고 프랑스, 영국, 미국을 회사 사장님, 부사장님 모시고 다녀왔습니다.

나 혼자서 출장을 뉴욕시, 센프란시스코 갔다 온 적도 있고 위스콘신, 미시간 주엘 스키도 타고 한다고 이웃 가족이랑 다녀온 기억이 납니다.

내가 살던 시카고 근교 디케브는 겨울에 참 추웠던 기억이 나요.

캐나다 외삼촌 집엘 울 가족이 가서 놀다 온 적도 있어요.

장모님도 모시고 간 캐나다 나이아가라 폭포 여행이 그래도 장관이었던 것 같은데?

흑산도, 홍도도 장모님 모시고 다녀온 적이 있고 어머니. 아버지랑은 글쎄 직장 시작하면서는 여름 휴가로 강원도엘 갔다 온 적이 있지요.

큰아들 제대하고선 쉬는 동안에 중국 출장 같이 가고, 작은아들은 인도로 직장 파견 나갔을 때 내가 한 달 가서 얹혀 살았던 기억이 납니다. 혼자서 팔하나를 찾아 바라나시를 갔었던 기억도.

오~ 손주랑 며느리랑 아내랑 큰 아들이랑 같이 호주 여행도 갔었죠.

제주도 신혼여행, 애들이 크고선 가족여행으로 다시 두 차례 찾았고, 일본 홋카이도 여행도 갔고 젊었을 때 사업한다고 도쿄 신주쿠, 열해도 두 차례 가지 않았나, 문재운이랑 둘이서 아칸소 갔다 오고, 철우/상원이/주병이랑 같이 오클라호마, 뉴욕시에 갔다 왔지요.

참 많이도 싸돌아 다녔군요.

여행 감상문을 적으세요

워크시트 v-5

솔직히 여행을 많이 다니다 보니 이젠 남의 나라에 왔다는 느낌이 들지 않더군요. 그저 어딜 가나 사람 사는 곳이요, 나도 거기서 오랫동안 같이 살아왔다는 느낌이 드는 것이 참 신기해요.

이젠 차라리 우리 땅을 밟으면서는 몸과 마음을 릴렉스하는 것을 전 더 선호하는 것 같아요.

외국? 제가 안 가본 곳이라면 몰라도.

근데, 멀리 여행을 떠나 있으면 좋은 것이 일상을 다 잊어먹고 지 낸다는 거 아닐까요? 그 때에 무슨 떠오르는 생각이 있다면, 제 경 우엔 그건 진실로 내가 원하는 바라는 걸 깨닫게 되는 경우가 종 종 있었답니다.

말하자면 인큐베이트 하난 제대로 하는 거죠.

아~ 이웃한 시베리아 대평원을 열차로 한번 달려보고 싶습니다. 울 조상들의 얼이 느껴지지 않을까요?

원펀치와 ManagementByConcept.com이 실마리로써 작동해 콘셉트에 의한 경영이란 학습 군을 일구어내는 것이 제 꿈입니다.

그분들과 시베리아 대평원을 달리고 싶습니다.

CHAPTER

6

포지셔닝 조사

MANAGEMENT BY CONCEPT

1

C.T.AB

시트 4에서 우린 목적을 보다 분명히 밝힌 바가 있습니다. 이젠 우리의 비즈니스모델이 지향하는 바를 밝혀야 할 때입니다. 그걸 마케팅 용어에선 포지셔닝이라 합니다.

흔히들 BM(비즈니스모델) 포지셔닝이라 해서 다음의 세 가지 유형을 듭니다. 그 어느 하나가 먹혀들었을 때야 기업 생존이 기본적으로 가능해진다 합니다:

- 제품 선도형(Product Leadership) - 제품에서 우위를 확보한다
- 운영 효율형(Operational Effectiveness) - 운영 효율을 따라올 자가 없다
- 고객 밀착형(Customer Intimacy) - 내 고객은 내가 제일 잘 안다

이 C.T.AB을 살피고 나면, 우리 BM이 이 중 어느 하나인지가 드러납니다.

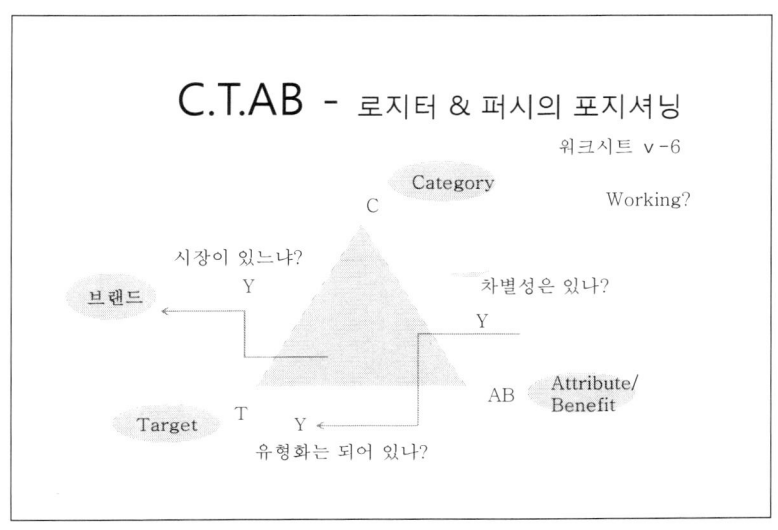

원펀치를 C.T.AB 한번 해보실까요?

카테고리가 있나요? 창업시장 같은 델 가면 BM캔버스, 린 스타트업 등이 있습니다. 그와 유사하다 여겨집니다.

그럼 그네들과 저흰 어떻게 다를까요? 잘 정제된 워크시트로 개념훈련을 해낸다는 것이 저희의 핵심가치제안이 될 터입니다.

우리의 타깃은 보편적으로 추상화abstract해낸 워크시트라 일반적으로 일을 도모하시는 분들이 모두가 대상. 기업, 단체, 대학, 심지어는 중·고등학교에 이르기까지가 대상. 손쉽게 길거리 부스를 하나 빌려서도 강좌를 개설합니다.

우리의 브랜드는 원펀치 강좌입니다. 귀하께 강력한 원펀치를 갖게 해드립니다.

포지셔닝 서술문 - 원펀치는 기업, 단체, 대학, 심지어는 중·고등학교를 대상으로 강좌를 개설해 잘 정제된 워크시트로 개념훈련을 해내어, 귀하께서 살아가는 데에 꼭 필요로 하는 강력한 원펀치를 갖게 해드립니다.

그리 흔히 볼 수 있는 BM은 아닌 거 같습니다. 그렇네요, 우린 건 단연코 PL(제품 선도형)에다 승부를 걸고 있네요.

팩트가 가치를 창출해내고 있다면, 그 실마리를 잘 잡아서 어떤 콘셉트를 드러낸다면, 그 BM은 성공합니다. 여기서 fact는 핵심가치제안 core value proposition인 '잘 정제된 워크시트로 개념훈련을 해낸다'입니다. clue로 작동하는 놈은 브랜드 '원펀치'이고, 우리의 concept은 '콘셉트에 의한 경영'입니다.

2

눈에 보이게끔, 가슴에 와 닿게끔
― 유형화, 개념화 ―

우린 살다 보면 어떤 지식에 이르게 됩니다. 그게 참인지 거짓인지는 한동안을 지켜보다 보면 드러납니다. 대개는 어느 날 나도 모르게 아하~ 하면서 깨우침으로 다가옵니다. 어떤 이는 이 과정이 빠르고 어떤 이에겐 이 과정이 더디기만 합니다. 하지만 이는 그리 중요하지가 않답니다.

문제는 이렇게 해서 얻게 된 깨우침을 어떻게 활용하느냐에 달렸지 않을까요?

한때의 깨우침이지만, 어떤 이에게선 그게 쉽사리 잊히고 맙니다. 삶에 그리 도움을 주지 못하게 됨은 물론이지요.

하지만 어떤 이는 그 깨우침을 기어코 노력해서 눈에 보이게끔, 가슴에 와 닿게끔 조치를 해 놓고선 삶 속에서 그걸 제대로 활용해냅니다.

누가 지혜로운 삶을 살 수 있을까요? 후자임은 당연할 겁니다.

귀하께선 과연 어떤 방식으로 이 유형화, 개념화를 시켜내어 삶에 지혜를 더하고 계신가요? 오늘은 제가 비즈니스 경영을 하시는 분들을 대상으로 이런 지혜를 활용하는 방안에 대해 초점을 한번 모아 보았습니다.

1. 매뉴얼이나 책자를 만들고, 강연을 통해서 전파합니다.

2. 업무처리 모듈(소프트웨어)로 만들어내어 따르게 합니다.

3. 각종 기업 활동에 조치를 취해서 변화를 기합니다.

4. 팀원들끼리 수시로 점검을 하면서 각오를 다집니다.

5. 책상머리 위에다 써 붙이고선 늘 각오를 다집니다.

6. 혼자서 가만히 기록을 남깁니다.

그 깨우침의 중요도에 따라 우린 1~6의 조치를 나름 하게 될 것입니다.

이걸 잘 해내면, 팀이나 기업 전체로선 경쟁력을 갖게 되질 않을까요? 기업활동이란 갓 태어난 아이가 세상에 나와 하나씩 깨우쳐 가는 거랑 별반 다를 바가 없을 테니깐요.

3

내 몸에 워킹하는 규칙 찾기

    콘셉트에 의한 경영이라 하니 솔직히 사람들이 가슴에 와 닿질 않는가 봅니다. 그저 경영하면서는 내 기업에 혹은 조직에 알맞는 원칙/규칙을 찾아내어서 지켜가다 보면 실패하지 않는 경영자가 된다는 아주 단순한 이치를 실천하자는 겁니다. 이걸 우린 쉽게 제 몸 관리에서도 그대로 적용이 가능하다는 걸 오늘은 한번 보여드리고자 합니다.

    백 세 시대, 백이십 세 시대라 합니다. 그러니 우린 제 몸 하나를 경영하는 데에도 무슨 원칙과 규칙이 있어야 하는 시절을 살고 있습니다. 좋은 습관을 길들여야 한다는 겁니다. 안 그럼, 고스란히 그 손해는 내게 그리고 내 가족에게로 돌아옵니다.

진화론과 용불용설

    우리 신체는 쓰면 쓸수록 발달하게 되어 있다 합니다. 눈이나 치아 잇몸 같은 것도 단순히 의사가 지시하는 대로 따를 게 아니라 제 몸에 맞는 규칙을 스스로 찾아내야 합니다.

    내 경우엔 시력은 자신이 꼭 필요로 하는 만큼 맞춰져 있다는 체험을 하고 있습니다. 원래 시력은 1.2/1.2였으나 30대에 늦깎이로 공부하다 보니 그게 0.2/0.3까지 내려가더니, 다시 60대에 접어들면서는 1.2/1.0으로 회복되고 있습니다. 안경을 쓰지 않고 맨눈으로 억지로 버티다 보니 이렇게 된 것 같습니다.

또 치아나 잇몸 같은 경우도 두 곳 치과에선 뽑으라고 하던 어금니를 20도 소주를 머금는 비법과 칫솔을 소금물에 담가놓는 비법으로 한 육 개월이 지난 지금까지도 빠지지 않고 그런대로 쓰고 있습니다.

십 분지 일이 부족한 식사

아무리 배불리 먹더라도 우린 하루 전체로 보아 우리 몸이 원했던 바의 십 분지 일은 모자라게 유지하는 것이 중요합니다. 뭔가 좀 모자라는 듯한 영양섭취가 오히려 우리 몸으로 하여금 자연치유력을 발휘하게 해주기에 적합하다는 걸 느낍니다.

오 분지 일이 넘치는 운동

유산소 운동인 만보 걷기 운동을 하다 보면 좀은 더 걷는 게 제 몸에 좋다는 걸 종종 느낍니다. 그리고 내 경우엔 주로 밤에 TV 보면서 하는 근력 운동에서도 원래 얼마 하려던 계획 치에서 좀은 더 많이 하는 게 아침에 일어나면 뿌듯한 느낌이 드는 것이 내 몸에 더 좋았다는 걸 알고 있습니다.

우린 제 몸 관리 하나 하는 데에도 이렇게 눈에 드러나게 하는 지혜가 동원되는 것이 필요하다는 겁니다. 그건 단순히 의사나 한의사가 시킨다고 따르는 지식과는 차원이 다른 얘깁니다. 그렇지 않아요?

4
유형화 개념화 논문

마케팅에서 얘기하는 소비자를 붙든다, 손에 잡히게 한다는 기술이 바로 유형화에 다름 아닙니다. 육식(眼 耳 鼻 舌 身 意), 대비, 극단 상황 표현, 상징, 은유, 스토리, 유머 등의 방식을 씁니다.* 통상은 거기서 특이하다, 유일하다, 나에게 중요하다를 가지고 평가할 수 있는 것들입니다.

반면에 언어로 가슴에 와 닿게 금해서 인지부조화를 극복해내는 기술을 필자는 개념화라 정의 내립니다. 이는 흔히 마케팅에서 포지셔닝이 지향하는 바랑 동일합니다. 다만, 경영에는 마케팅을 휠~ 벗어나는 어떤 이치가 있다는 것을 필자는 찾아내었고, 그게 바로 개념화입니다.

인과관계를 쉽게 감지하게 해서 판단이 용이하게 한다든지, 무의식, 잠재의식의 감정을 건드려서 뭉클한 그 무엇이 전해지게 한다든지, 해박한 지식이나 깨우침에서 비롯해 우리네 삶의 가치를 확연히 업그레이드해주는 것들입니다.

---

* 참고 서적: 김근배, 『컨셉 크리에이터』, 책든사자, 2009

이들은 통상 의미 있다, 공감이 인다, 가치 있다로 평가받을 수 있는 내용들입니다.

어느 정도 사례가 나오고 나면, 이론을 세워서 논문 발표도 가능할 걸로 예상하고 있습니다.

5

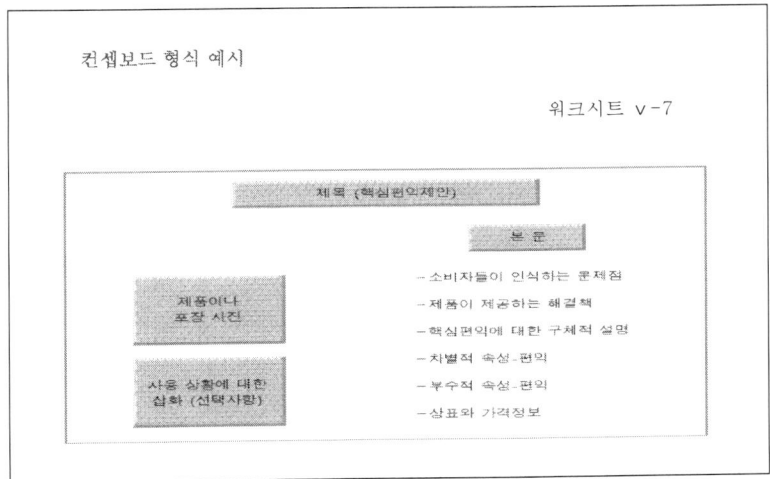

시트 7 콘셉트보드

그럼, 우리의 제품 콘셉트를 눈에 보이게 가슴에 와 닿게 함 그려 보실까요?

> 컨셉보드 형식 예시
>
> 워크시트 v-7
>
> 제목 (핵심편익제안)
>
> 본 문
>
> 제품이나
> 포장 사진
>
> 사용 상황에 대한
> 삽화 (선택사항)
>
> - 소비자들이 인식하는 문제점
> - 제품이 제공하는 해결책
> - 핵심편익에 대한 구체적 설명
> - 차별적 속성-편익
> - 부수적 속성-편익
> - 상표와 가격정보

귀하의 원 펀치는 무엇인가요?

원펀치 - 개념으로 경영하는 사람들
ManagementByConcept.com

추상화, 객관화 훈련

마케팅 포지셔닝, 조사 및 분석

객체 Object로 구현해내는 기술(유형화, 개념화)

적합한 이름을 지어 불러준다

어떤 환경에서도 살아남는 노하우

C

6

얼마나 팔릴까요?

책을 기획한다면, 우선 생각해볼 것이 구매의향입니다. 과연 돈을 지불하고 사시겠나요?

문제는 우리가 만들어낸 콘셉트 보드가 조금은 어려운 용어들을 사용하고 있기 때문에 소비자로선 선뜻 결정을 내리기가 좀 힘들지 않을까요?

쉽게 풀어서 설문형식으로 구매의향을 물어보는 게 좋을 거라 사료됩니다.

1. 귀하의 원 펀치는 무엇인가요? 핵심편익제안core benefit proposition을 광고문안 형식으로 뽑았습니다. 어차피 우리 경우엔 책이라는 제품으로 승부해야 하는 처지고, 소비자를 붙드는 광고콘셉트가 같이 할 수밖에 없을 거라는 생각에서입니다.

뭔가 간절함이 읽혀지시나요? 예, 아니요

2. 왼쪽은 책 표지. 원펀치와 ManagementByConcept.com을 실마리clue로 뽑았습니다. 그러고는 '콘셉트에 의한 경영'이란 콘셉트concept로 승부합니다.

마음에 드세요? 예, 아니요

3. 추상화, 객관화 개념훈련. 그렇게 해서 뽑아낸 워크시트 18쪽으로 소통. 별로 남들이 접근하지 않는 경영 교육방식입니다. 중요한 것은 크게 드러내고, 사소

한 것은 아예 감추어 버립니다. 필히 팩트fact에 기반해야 합니다. 경험에서 공통된 것을 추출해내고, 항시 상대의 입장에선 어떻게 생각할까 고민하는 습관을 들입니다.

필요하다고 생각하세요? 예, 아니요

4. 마케팅 포지셔닝, 조사 및 분석. 요즘은 경영에서 알파요 오메가로 여겨지고 있는 내용입니다. 솔직히 유사 제품이 너무 많습니다. 정확히 우리 제품이 소비자의 마음에 어떤 콘셉트로 자리 잡게 하느냐가 비즈니스의 관건인 시절입니다. 그리고 반드시 이는 소비자 조사를 거쳐 현명한 판단을 내릴 수 있어야 합니다.

어떻게 하는지 알고 싶으세요? 예, 아니요

5. 유형화, 개념화 객체구현 기술. 우리 제품은 소비자랑 소통하고 있나요? 대개는 나랑 다른 객체 object로 구현해내게 되면 그게 수월해진다는 것입니다.

우리 제품이 눈에 보이나요? 가슴에 와 닿나요? 예, 아니요

6. 적합한 이름. 객체구현의 최고의 기술은 그 객체에 이름을 제대로 지어주고 불러주는 겁니다. 맞나요? 예, 아니요

7. 살아남기. 비즈니스에서 제일 중요한 이슈가 아닌가요? 예, 아니요

8. 값 15,000원. 사시겠어요? 예, 아니요

여러분의 솔직한 응답에 원펀치의 성공여부가 달렸답니다.

한 분 한 분께 소중한 답변 부탁드립니다.

C

7

시트8 소비자 수용도 조사

콘셉트보드를 소비자들에게 들이밀면 반응을 볼 수 있습니다. 이걸 잘 분석해내면 우린 이 콘셉트가 먹혀들지 여부를 미리 알 수 있습니다. 더 이상 나아갈지 말지 여부가 판가름 납니다.

이런 노하우를 일컬어 마케팅이라 하며, 이를 전문으로 하는 이들을 마케터라 부릅니다. 하나의 직업군입니다.

근데 문제는 모든 경영을 하는 이들이 이 노하우를 공히 필요로 하지만, 쉽게 익혀 쓰기엔 너무 전문적이라는 겁니다. 그렇다고, 모두가 마케터가 될 정도로 열심히 그 분야를 전공하는 게 사실상은 쉽지가 않고. 그래서 나온 게 이 개념훈련 방식입니다. 몇 쪽의 워크시트로 전문가들이 하는 수준의 마케팅 기법을 경영자들이 스스로 익혀 쓸 수 있게 하고자 함이 목적입니다.

제품에 대한 소비자 수용도 형식 예시

	1안	2안
컨셉테스트 점수		
사용후 제품테스트 점수		

필자도 첫 사업에서 크게 성공하긴 했으나, 늘 광고대비 실적이 저조했던 것이 계속 절 괴롭혔던 기억이 있습니다. 그 영문을 모르다 나중 가서 마케팅을 전공으로 하고서야 아하 하면서 무릎을 탁치게 되었습니다. 다시는 나 같은 사업자가 나오지 않게 하고자 함입니다.

원펀치의 경우엔 6년 전『개념경영』(2012년 11월, 도서출판 다사랑)이란 책을 내었던 경험이 있습니다. 그걸 1안으로 놓고선 이번에 나온 콘셉트를 2안으로 비교해보면 비교적 쉽게 분석이 가능할 걸로 사료됩니다.

1안. 개념경영 - 칠판을 이용한 사업기획. 기호나 도형을 곁들여서 칠판에서 기획을 하고선 그걸 사진으로 찍어 몇 마디 설명과 함께 책자에다 담는 방식. 거친 방식이라 일반으로부터 가독성이 떨어져 외면받았습니다.

2안. 원펀치 - 콘셉트에 의한 경영. 잘 정제된 워크시트 18쪽으로 소통해내는 방식. 역시 사업 기획이란 주제를 하나 선정하고선 이 워크시트를 1쪽부터 시작해 18쪽까지 밟습니다. 현실에선 필요로 하는 시트만을 골라서 밟는 것이 통상이지만, 이렇게 해서 책자를 만들어 이 활용기법을 널리 전파코자 하는 목적. 1안보다는 확실히 일반으로부터 가독성이 나아졌다는 걸 느낍니다.

 암튼 전 6년 전이나 지금이나 어떤 이미지를 활용한 소통 방식이 휠~ 효과적이라는 걸 입증해오고 있는 셈입니다.
 그 당시엔 토즈교대점에서 부스를 빌려 몇 명 이서 한 팀을 이루어 작업을 했던 기억입니다. 그리고 지금은 페이스북에다 글을 올리고선 반응을 살피며 작업하고 있고. 자칫 개념을 잃어버려 배가 산으로 올라가는 일이 없게끔 하기 위해서입니다.

8

인지부조화

마케팅에 정보비대칭이니 인지부조화라는 말이 있습니다. 소비자가 보는 시각과 경영자가 보는 시각이 각기 다른 데에서 연유하여, 불일치가 생기는 것을 말합니다.

근데 이는 비단 마케팅에서만 통하는 얘긴 아닙니다. 우리 일상에서도 흔히 보는 상황입니다. 착각은 자유라는 은어가 이를 잘 대변해줍니다. 연애에서의 짝사랑, 이웃 간의 불화, 권력을 가진 자와 그렇지 못한 자 간에 끊임없는 불협화음 등이 바로 착각의 전형이라 하겠습니다. 한쪽에서는 다른 쪽 상황에 대해 이해를 같이하지 못하는 것입니다.

아무튼 이런 일이 저희 교육프로그램 브랜딩에서도 있었고, 오늘은 그 사례를 한번 찾아보겠습니다.

필자는 팔하나라는 브랜드를 한 이십 년간 오래도록 준비해왔습니다. 공부해온 프로시쥬어가 계획 8단계, 실행 1단계를 밟는 것에서 힌트를 얻었습니다. 하지만 우리 말에서 연상되는 불구cripple라는 이미지가 너무 강해서 더 이상은 탄력을 받질 못하고 멈추었습니다.

　그래서 나온 브랜드가 아이부스입니다. 한 십 년 전부터입니다. 스마트라는 일련의 i - 시리즈와 같이 뜰 수 있을 줄 알았지만, 이도 너무 무거운 우리 학습 콘텐츠랑은 같이 어울리질 못하고, 떠보지도 못하고 성장을 멈추고 말았습니다.

　둘 다 소비자의 시선에선 맞질 않았던 것입니다.

　그러다 우연히 최근에 나온 브랜드가 원펀치입니다.

　내겐 늘 모니터링을 해주는 친구가 있습니다. 찾아내긴 내가 했지만, 그 친구가 적극적으로 지지해주어 이젠 용기 내어 브랜드를 바꾸게 되었습니다. 뭔가 간절한 그 무엇이 느껴집니다. 사상 최악의 청년실업을 겪고 있는 현시점에선 꽤나 어울리지 않을까 하는 느낌입니다.

　결국 이 인지부조화니 하는 것도 기실 알고 보면, 경영자의 균형감각을 저울질해볼 수 있는 좋은 바로미터가 된다 봅니다.

　원펀치에선 시트 6 포지셔닝, 시트 7 콘셉트보드 작성, 시트8 소비자수용도 조사, 시트 9 경쟁지각도 조사, 시트 10 공간지각도 조사, 시트 11 BM캔버스, 이렇게 모두 여섯 쪽의 시트들이 이 갭을 메워내는 임무에 투입됩니다. 보다 과학적인 수치로 접근해서 찾아냅니다.

　한 번이 아니라 여러 차례 이렇게 포지셔닝, 조사 및 분석을 반복해 밟다 보니, 어느새 우린 소비자와 똑같은 시선으로 바라보는 경영자로 바뀌어있더라는 술회를 얻어내는 것이 저희 목표입니다.

9

시트 9 경쟁지각도 조사

이번엔 마케팅 조사에서 제일 난해하다고들 하는 경쟁지각도 편입니다.

대기업마다 자신의 고유한 사업기획 툴이 개발 운영되고 있으나 그걸 여기선 알 길이 없으니, 시중에서 흔히 우리가 볼 수 있는 BM캔버스, 린 스타트업 방식과 저희 원펀치를 비교해서 어디서 어떤 경쟁력이 돋보이는지를 한번 살펴보겠습니다. 둘 다 창업시장에서 두각을 나타내고 있는 강자들입니다.

조사설계 방법입니다. 일단 각기 가져다 주는 속성편익에서 공히 제일 중요하다고 생각되는 네 가지만을 골라 냅니다. 그리고 질문 문항을 개발해 한 삼십 명으로부터 응답받은 숫자를 엑셀로 집계표를 내어보면 아래와 같이 그래프로 분석이 되어 나온답니다.

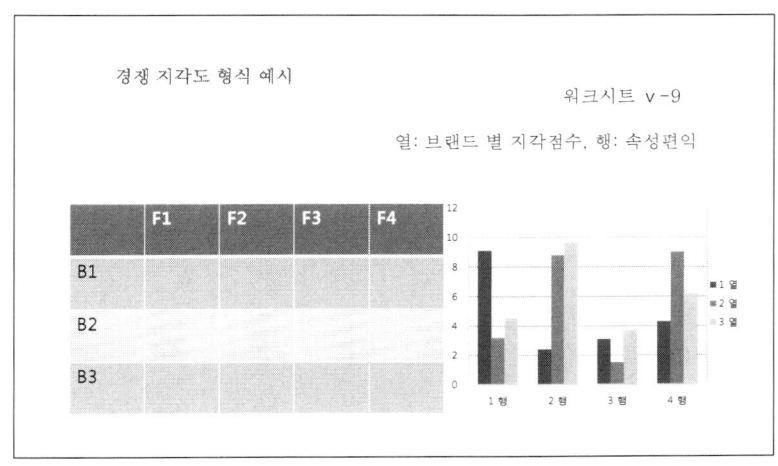

경쟁 지각도 형식 예시

워크시트 v-9

열: 브랜드 별 지각점수, 행: 속성편익

B1 BM캔버스, B2 린 스타트업, B3 원펀치
F1 전문성, F2 팀 역량강화, F3 추상화, 객관화, F4 유형화, 개념화

브랜드 3개, 요인 Factor 4개가 위와 같이 나왔습니다. 자, 이제 조사설계(설문이나 FGI 등) - 질문지 작성 - 조사의 순서를 밟을 차례입니다. 하지만, 저흰 이번 조사설계는 나가지 않는 거로 정했습니다. 대신에 필자가 페이스북에다 이 글을 오랫동안 올려오면서는 나름 갖게 된 촉觸을 활용해서 함 점수를 매겨 보겠습니다:

필자가 알고 있기론, BM캔버스는 전략, 전술을 쭉 함 훑어보게 해주는 기능으로서는 우수하다고 봅니다. F1 전문성과 F3 추상화/객관화 점수를 각기 8점, 나머지는 별로입니다. F2, F4 각기 5점입니다.

린 스타트업의 경우는 최소 자원투입으로 최대 사업성과를 얻어내는 독특한 방식이라고 알고 있다. 각종 기사를 통해서 접한 필자

의 견해입니다. F1, F2, F3 공히 10점을 주고 싶습니다. 다만, F4는 8점 정도일 듯.

원펀치의 (팀 역량강화) 훈련은 지금껏 나온 걸 보면, 마케팅 포지셔닝과 조사 및 분석에선 탁월한 시야를 갖게 해줍니다. 이따 보면 알겠지만, 기개발된 소프트웨어 모듈을 활용해내는 객체구현 노하우 또한 일품입니다(전문성). 경험 속에서 공통된 분모를 이끌어냅니다(추상화). 자신의 처지를 객관적으로 들여다볼 수 있게 해줍니다(객관화). 눈에 보이게끔(유형화), 가슴에 와 닿게끔(개념화) 하는 건 덤입니다. F1, F2, F3, F4 모두 11점을 주면 지나칠까요? 아무튼 원펀치는 여태 나온 사업기획 접근방식과는 그 유를 달리한다 할 것입니다.

이 분석은 실제 설문이나 FGI 등과 같은 조사설계를 통해서 나온 결과치가 아니기 때문에 객관성을 좀 잃고 있음을 솔직히 고백합니다. 하지만, 이렇듯 경쟁지각도 조사는 우리로 하여금 경쟁사와 비교한 속성편익을 크리티클critical 하게 구별 지어 한눈에 알아볼 수 있게 해주는 훌륭한 조사기법이라는 걸 보여드렸습니다.

타깃 하는 고객들로 한 삼십 명이 같이 실습하는 자리라면, 우린 이 경쟁지각도 조사 한 번으로 심도 있는 결과를 한 자리에서 쉽게 도출해낼 수가 있답니다.

10
거위의 꿈

기러기의 변종이라는 거위는 한때는 자기 조상이 드넓은 태평양을 날았다는 기억을 갖고 있나 봅니다. 인기 노래 가사를 보면 자신의 처지에 어울리지 않는 크고 옹골찬 꿈을 꾸며 살고 있는 새라 합니다.

이런 잠재성을 일깨워내는 게 바로 우리의 학문이요, 교육 프로그램이 되어줘야 하지 않을까요? 오늘은 사상 최악의 청년실업이라는 우리의 비참한 현실이 사회 곳곳의 부조리不條理 때문이요, 대학도 거기에서 예외가 아니라는 한 사례를 조명해보았습니다.

서양의 대학을 가면 대학 입문하여 받는 첫 전공 클래스에는 그 학과에서 제일 연로하신 그리고 제일 신망 있는 교수님이 들어오십니다. 근데, 한국에서 대학을 가면 첫 전공 클래스에 그 과에서 제일 경험이 일천한 교수님이 들어오십니다.

제겐 참으로 의아한 이 다름이 우리의 젊은이들의 인생을 혼란스럽게 만드는 주범이 아닐까 합니다.

아마도 권위의식에서 비롯해 한국 최고 교수님들은 더 선발된 정예를 가르쳐야 한다고들 생각하시나 봅니다. 한편 어쩜 쉬운 얘기로 신입생들을 감동시킬 자신이 없기 때문은 아닐지 의심도 갑니다.

근데 이런 생각을 한번 해보세요. 무슨 일에서든 첫 경험의 상대를 우린 영원히 잊지 못하지 않던가요? 하물며 자신의 일생에 업으로 살아갈 전공인 경우에야 더할 나위가 없지 않을까요? 글구 우린 아무리 학문이 깊어지더라도 그럴수록 쉬운 말로 일반에게 설득력이 있는 것이 중요한 게 아닐까요? 그래야 세상에 보다 더 영향을 주고 가치를 얹어 줄 수 있기 때문입니다.

최고의 교수가 경륜이 묻어난 한 마디를 던질 때엔 그 자체로 흠모의 대상이 되고 그게 원동력이 되어 그 젊은이는 미래의 자신 모습을 보다 뚜렷하게 그려낼 수 있게 될 것입니다.

왜 간단한 이 이치를 다들 모르시는지 저로선 통~ 납득이 가질 않습니다.

혹, 연공서열을 중시하는 배타적이기만 한 대학 내 교수진들의 문화가 우리 사회를 발목 잡고 있는 게 아닐까?

이도 학원사업에서 경영자와 소비자 간에 인지부조화가 일어나고 있는 대표적인 한 사례라 여겨집니다.

11

시트 10 공간지각도 조사

    이제 우리의 포지셔닝은 거의 윤곽이 다 드러났습니다. 오늘은 그걸 알기 쉽게 도형으로 드러내는 작업입니다. 그럼, 선명한 포지셔닝으로 우리의 콘셉트가 드러나게 된답니다.

    이 작업은 우리의 전략을 택하는 매우 중요한 결정입니다.

    한마디로 우리 건 어떻다고요? 예, 남들과 핵심역량 Factor 1, Factor 2에서 다르답니다.

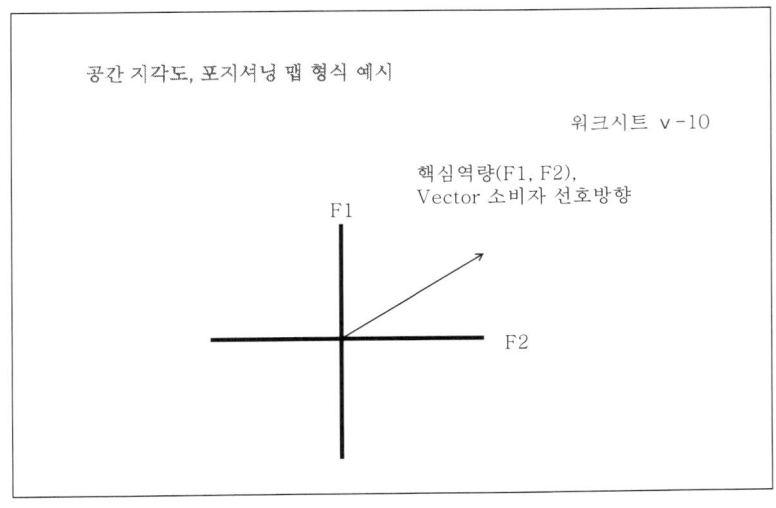

공간 지각도, 포지셔닝 맵 형식 예시

워크시트 v-10

핵심역량(F1, F2),
Vector 소비자 선호방향

F1

F2

앞서 시트 9에서 나온 속성편익이 F1 전문성, F2 팀 역량 강화, F3 추상화, 객관화, F4 유형화, 개념화였습니다. 여기서 우린 딱 두 개만 골라서 집중해 승부합니다.

여러분이라면 어느 걸 고르고 싶으세요?

F1 전문성과 F2 역량강화를 고른다면 이건 BM모델이 PL 제품 선도형을 지향하겠다는 겁니다. 린 스타트업 등과 같이 함 겨루어 보겠다는 겁니다. 우리의 강점은 마케팅과 코딩을 같이 배운다는 겁니다. 그리고 팀 역량강화가 주 타깃입니다. 차별화 포지셔닝입니다.

F3 추상화/객관화 F4 유형화/개념화를 고른다면 그건 BM모델이 OE 운영효율형을 지향하겠다는 겁니다. 남들이 전혀 어떻게 해낼 방법을 모르고 있는 걸 우린 연마해내겠다는 겁니다. 새 사업범주 category를 열어간다 해서 보편적 포지셔닝이라 합니다.

저라면 F1, F2를 골라 정면승부를 하고 싶은데요. 그 이유는?

우선은 전 지금껏 이렇게 워크시트 같은 이미지로 소통해 SNS에서 전문 지식을 전파해내는 교육훈련 방식은 동서양을 통틀어서 본 적이 없으니깐요. 이것만으로도 대단한 반향을 불러일으킬 수 있지 않을까요?

일단 이미 있는 시장범주에서 남다른 방식으로 승부수를 던져보고자 합니다. 차별화 전략입니다.

포지셔닝 서술문 - 원펀치는 기업, 단체, 대학을 대상으로 강좌를 개설해 잘 정제된 워크시트로 소통해 마케팅과 코딩 지식을 전문가 수준으로 길러내어 팀 역량을 강화해드립니다.

12

차별화 전략
― 개념전쟁 ―

1976년도에 위즈니악과 함께 집 차고에서 책상용 컴퓨터를 만들기 시작했던 스티브 잡스. 이후 1980년도에는 애플 I의 제품화에 성공하고, 83년에는 애플 II라는 그 유명한 PC가 탄생했습니다. 이때 애플의 매출이 1억 불이 넘었다 하니, 그 당시 세계 최고의 컴퓨터 회사인 IBM이 가만 있을 리 없었고, 기어코 IBM-PC라는 제품을 개발하기 시작합니다. 근데, IBM 이 봉착한 문제는 이미 애플이 PC 시장을 먼저 열고 기반을 구축했기 때문에 자기들에겐 아무리 해도 시장추종자 자리밖에는 주어지지 않을 거라는 우려였습니다. 결국 장고 끝에 이 새 분야 사업에서 비록 장기적으로는 시장 선도자의 자리를 계속 갖고 가지 못하는 한이 있더라도, 기시장선도자였던 애플은 망가뜨리겠다는 전략으로 나왔습니다. 이게 바로 그 유명한 Open Architecture라는 차별화 전략이었습니다.

모듈별로 기술상세를 업계에다 오픈해서 누구든지 이 사업에 뛰어들어 한 몫을 챙길 수 있게 했던 것입니다. 그것이 적중해서 IBM-PC는 일약 업계의 선도자로 나설 수 있었습니다. 그러나 오픈 방식으로 인해 세월이 흐르면서는 소프트웨어는 마이크로 소프트, 하드웨어는 컴팩과 같은 식으로 모듈별로 분화되어 시장선도자들이 등장하게 됐습니다. 더 이상은 IBM-PC라는 브랜드의 자리는 찾을 수가 없게 되었습니다.

그러나 결과적으로는 IBM은 이 PC 시장을 선도자의 지위에서 열었던 역할 덕분에, 이후 IT 서비스 시장을 새로이 열어갈 땐 또다시 업계 선도자의 자리를 지켜나가게 됩니다. 즉 사람들로부터 IBM 하면, 역시~라는 평판을 이어갈 수 있었던 것입니다. 반면에 패자가 된 애플은 시장점유율 5%대라는 치욕의 결과를 얻게 되었고.

자, 우리들의 얘기로 돌아갑시다. 삼성전자라고 우리나라가 자랑하는 최고의 기업이 있습니다. 이 회사가 세계 1위인 제품이 모두 네 개가 있다는데… 평면 TV, LCD, 낸드 플래시 메모리, 그리고 휴대폰이라고 합니다. 이들 제품들의 매출이 회사 전체 매출의 75%를 넘는다 합니다(2008년 자료).

그렇담, 어떻게 해서 삼성은 이렇듯 세계 1위라는 시장선도자의 자리에 오르게 되었는가 궁금하지 않으세요?

역시 차별화 전략이었습니다. 삼성이 메모리 사업에 대대적인 투자를 하며 뛰어들 때엔 업계의 후발주자로서 이미 TI, 히다치 등이 시장선도자 그룹을 형성하고 있었습니다. 그러므로 삼성은 제아무리 용을 써도 시장점유율 10~20%를 달성하면 아주 잘하는 거로 시장 추종자에서 벗어날 길이 없어 보였습니다. 이때 삼성이 승부수를 던졌습니다. 삼성은 남들이 투자를 차일피일 미루며 그냥 기존의 기술이었던 아날로그에다 매달리고 있을 때에, 과감하게 디지털 기술에다 승부를 건 것입니다. 그것이 인터넷 바람이 불어온 시류를 타면서 적중, 남들보다 한 수 위의 디지털 기술로 시장선도자로 일약 올라서게 된 것입니다. 남들이 뒤늦게야 깨닫고 서둘러 보았으나, 이미 지나간 버스요, 엎질러진 물이었습니다.

참, 재미있게도 우리가 처음에 예로 들었던 스티브 잡스의 애플도 상황이 끝날 무렵에 다시금 기사회생의 기회를 잡습니다. 그것도 역시 차별화 전략이 성공하면서 제2의 인생의 황금기, 기업의 황금기를 구가할 수 있었습니다. 그 사연인즉슨 이렇습니다.

애플이 PC시장에서 폐쇄방식으로 인해 고전을 겪으면서 창업자였던 스티브 잡스가 퇴출되고, 그 이후에 취임한 두 사람의 회장이 역시 퇴출당하고 맙니다. 이제는 더 이상 회사를 존속하기 어려운 지경까지 갔던 애플은 최후의 수단으로 전 회장인 잡스를 다시금 회사로 불러들입니다. 이때 잡스가 취했던 전략이 바로 차별화였습니다.

누드 PC, 일체형 PC로 알려진 새 디자인으로 iMac을 만들면서 일약 회생의 발판을 마련한 잡스는 회심의 승부수를 iTunes, iPod에 겁니다. 그 당시엔 음반제조사들이 LP, CD로 음반을 유통하던 시절이었습니다. 근데, 이 잡스가 대형 음반사들을 찾아다니면서 설득 끝에 기어코 인터넷으로 유통하게끔 만들어냅니다. 바로 iTunes를 통한 음원 구매 방식이었습니다. 이를 나중엔 iPod라는 MP3 기기로 다운받아서 듣게끔 하는 획기적으로 음반을 유통하는 방안을 이 잡스가 만들어내었던 것입니다. 이것은 바로 산업의 행태를 바꾼 것으로 어려운 차별화를 시도했고, 결국 이루어낸 것입니다.

그 후로도 21세기 최고의 창작물로 거론되는 iPhone이란 디자인 설계 혁명으로 또 엄청난 차별화의 승부수를 던져 애플을 일약 세계 최고의 회사로 만든 이가 잡스입니다. 쉼 없는 사업에 대한 에너지로 사후인 지금까지도 모든 사람으로부터 칭송받는 가히 이 시대의 아이콘(영웅)입니다.

한 걸음 더 나아가볼까요? 애플이 사업선도자로 나선 iOS 모바일 운영체계에 다시 차별화 승부수를 날린 이가 구글이요, 안드로이드입니다. 역시 오픈 아키텍처를 택하면서 지금은 시장의 86%를 가져갈 수 있었습니다(iOS는 14%). 이번에는 옛날과 달리 그 과실을 같이 하는 협력군인 삼성전자나 화웨이 등과 나눠 먹는 방식이 되었다. 당사자인 구글에겐 Play스토어라는 확실한 수입원이 나왔고, 앞으로도 Big data 등의 기회가 더 남았다 할 것입니다. 옛날과 같은 시행착오를 이제 더 이상은 겪지 않는 뜻입니다.

또 하나의 차별화 이슈. 요즘 주목받고 있는 아마존의 집중형 크라우드 네트워크와 아이비엠의 분산형 블록체인 네트워크 역시나 한편에선 이 차별화 이슈의 대결구도라고 필자는 보고 있습니다.

이번엔 centralized system과 distributed system의 30년 해묵은 논쟁의 연장선상입니다. 그 옛날엔 아이비엠이 집중형의 신봉자였고 새로이 등장한 도전자가 분산형이었다면, 지금은 이미 클라우드 시장에선 시장선도자로 저만치 앞서나간 아마존의 집중형 네트워크에 후발주자인 아이비엠이 분산형 네트워크인 블록체인을 들고나온 것이라, 예전과는 반대의 입장에 선 것이 아이러니해 보입니다.

미래 먹거리가 왓슨 AI밖에는 달리 기댈 데가 없는 Big blue 아이비엠으로선 자존심과 목숨을 건 한판 승부를 노릴 수밖엔 없질 않을까 사료됩니다.

자, 어때요. 이제 차별화 전략이 얼마나 큰 사고를 치고 있는지 느낌이 오세요? 대개 후발 사업자가 선도사업자를 제쳐 성공하는 케이스의 70%는 이 마켓 재정의에서 나온다 합니다. 즉 차별화를 일컫는 말입니다.

그리고 결국 이 싸움의 승부는 누가 사회의 이목을 붙들어서 유리한 판정을 받아내느냐는 개념전쟁에서 가름 난다는 것입니다.

13

시트 11 비즈니스모델 캔버스 실습
— 원펀치 —

나온 비즈니스모델을 한번 쭉~ 훑어보게 해주는 역할로는 이 BM 캔버스가 최고입니다. 창업 컨설팅 시장에선 많이들 학습하고 있는 내용입니다.

저희도 여태 나온 원펀치 비즈니스모델을 이 BM 캔버스를 밟아서 함 점검해보겠습니다.

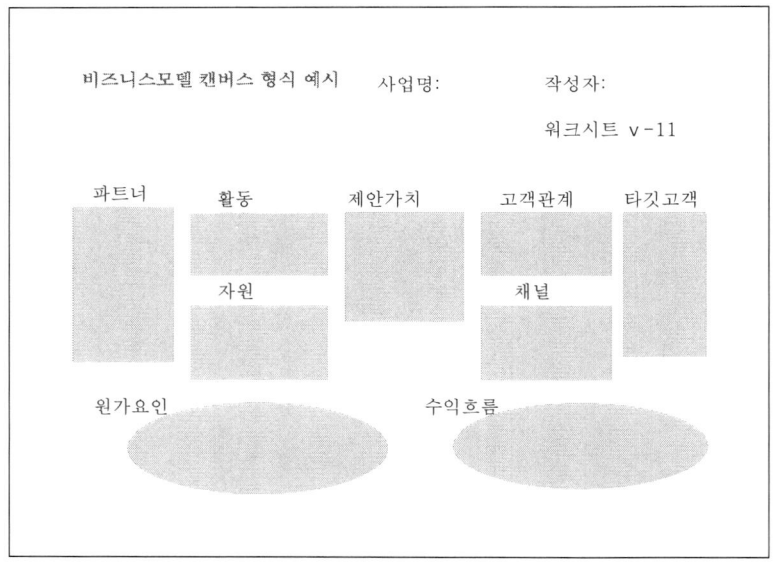

타깃고객 - 글쎄요, 경영에 관심을 가진 분이시라면 누구든 해당이 되지 않을까요? 기업, 단체, 대학, 중고등학교, 이 모두에게 필요한 강좌가 될 것 같아요.

채널 - 책자로 낼 계획입니다. 그리고 페이스북을 포함한 각종 SNS 채널로 소통해내고 있습니다. 실시간으로 학습훈련이 가능하답니다.

고객관계 - 이게 지금까지는 문제로 사료됩니다. 동기부여를 할 만한 그 무엇이 지금은 좀 아쉬운 상황입니다. 필자는 블록체인 기술로 워크시트와 함께 자신의 글을 올리는 이들을 대상으로 코인을 주는 방안을 한번 생각해보고 있어요. 그때까진 그저 필요로 하시는 분들이 하나둘 스스로 나서 개척자pioneer가 되시는 방법뿐입니다. 그만큼 상응하는 대가는 더 커질 겁니다.

제안가치 - 전문성과 역량강화입니다. 마케팅과 코딩 지식을 전문가 수준으로 끌어올려 팀 역량을 강화해드립니다.

자원 - 잘 정제된 18쪽의 워크시트. 마케팅, 객체모듈 개발 노하우가 잘 반영되어 있답니다.

활동 - 너도 나도 이 워크시트를 올리면서는 자신(팀)의 경영 개념을 하나씩 재정립해 나갑니다.

파트너 - 이 학습훈련을 같이 하시는 분들이 곧 동업자가 될 것입니다.

원가요인 - 초판 책 값이 15,000원가량 할 거로 보고 있습니다. 혹, 길거리 부스에 조인하신다면 1회 출석에 33,000원입니다.

수익흐름 - 책 인세 수입, 기업/단체/대학/중고교/길거리 부스 출강 강사료 수입.

어때요, 귀하께서도 원펀치를 함 날릴 수 있을 거 같으세요?

CHAPTER
7

객체구현 전술

MANAGEMENT BY CONCEPT

1

It's none of my business

사람들이 학문 분야를 카테고리를 나누어서 이건 마케팅, 저건 코딩 이렇게 세분화시켜 내어 공부하고 가르칩니다. 전 그 고유영역이라고 하는 벽을 허물어야 한다고 주장하는 사람입니다.

기실 경영 일선에선 그런 영역 구분이 없어요. 다만 학자들이 자기네들끼리 배타적으로 영역 구분을 하고선 죽기 살기로 지켜내는 거 같습니다. 요즘 와서 이런 벽을 파괴하는 대학들이 나와서 천만다행이라는 생각입니다.

여태 실습해서 익힌 내용은 마케팅 포지셔닝 기법이었습니다. 전략편입니다. 이젠 거기서 나온 산출물인 전략을 갖고선 객체모듈로 구현해내는 노하우를 실습할 차례입니다. 전술편이 되겠습니다.

이렇게 해서 객체모듈이 나오고 나면 한 차례 실습이 모두 끝납니다. 그때까지 나온 원고로 원펀치 초판을 출간해 널리 이 노하우를 전파할 계획입니다.

글쎄요, 지금 예상하기론 그 객체모듈들은 아마도 원펀치 책자, 강좌, 그리고 소프트웨어 정도가 되질 않을까요? 다만, 그건 저랑은 다른 객체object로 새 생명을 갖고선 탄생하는 놈이 되어야만 할 것입니다. 그래야 스스로 자랄 동력을 갖게 될 테니깐요.

통상은 자기랑 같은 주체subject로 만들어내다 보니, 그게 내가 없으면 스스로 자랄 수가 없어 생명력이 짧습니다. 다들 내일이 아니니 관심 밖입니다. It's none of my business!

우린 객체object로 만들어내어 내가 없더라도 스스로 자랄 수 있게끔 창조해내야만 합니다. 그래야 주위에 하나둘 사람들이 모여들어 자양분을 주고 잘 자라게 관심을 쏟아 줍니다.

어떻게 하면 그게 가능하냐고요?

글쎄요, 체계적으로 이슈별로 시스템화해내다 보면 그렇게 되지 않을까요? 다만 이름을 제대로 붙여 불러주는 게 여기서도 생명 같아 보입니다.

원펀치에선 시트 12 SCM, 시트 14 CRM, 시트 15 펌프 프라이밍, 시트 16 리더십구현, 시트 17 요구사항 수렴, 시트 18 객체구현, 이 모두 여섯 쪽의 워크시트를 밟아 객체모듈을 만들어내는 작업에 들어갑니다.

각기 다른 각도에서 다양하게 들여다보아 필요로 하는 기능들을 찾아냅니다.

콘텐츠 관리 동기부여 책으론 블록체인이 그저 그만

… 스팀잇의 보상 시스템은 블록체인 기반으로 운영된다. 스팀잇 회원이 올린 콘텐츠도 블록체인에 기록되며 일주일 뒤엔 콘텐츠 수정이나 삭제가 불가능하다. 콘텐츠 게시 후 일주일 뒤엔 업보트를 통해 쌓은 가상통화가

블록체인 기반 시스템에 따라 자동 지급된다. 제작자에게만 보상이 돌아
갈 경우 추천 활동이 저조해질 수 있어 업보트를 누른 회원에게도 수익 일
부(25%)가 돌아가도록 설계했다.

… 무엇보다 좋은 콘텐츠를 작성해야 더 많은 보상을 받기 때문에 고품질
콘텐츠가 많아지는 구조다. 또 블록체인 기술 기반이기 때문에 높은 보안
성은 물론 데이터가 지속적으로 보관된다는 점도 강점이다. 운영사가 망해
도 서비스는 유지되며 사용자들이 데이터를 잃어버리는 일도 막을 수 있다.

http://m.news.naver.com/read.nhn?mode=LSD&sid1=001&oid=008&aid=0004002347

주요 콘텐츠 블록체인 활용사례

기업	주요 서비스	가상통화	활용 콘텐츠
스팀잇	블록체인 기반 SNS	스팀·스팀달러·스팀파워	글·사진·동영상
아카샤	이더리움 기반 SNS	이더리움	게시글
코닥	저작권 수입 블록체인 시스템	코닥코인	사진
시빌	탈중앙화 뉴스 플랫폼	CVL토큰	뉴스 콘텐츠

우리라고 못할 바가 없죠. 원펀치도 원펀치 토큰을 발행합니다.
자신의 글과 함께 워크시트를 올리는 이를 대상으로는 토큰을 얼
마씩 줍니다. 거기에 좋아요 숫자만큼 또 토큰을 줍니다. 좋아요
올리는 분께도 얼마간의 토큰을 드립니다. 그 올라온 글들은 고스
란히 모아서 책자를 발행해 인세 및 강사료 수입을 올릴 수 있게
해드립니다. 물론 원펀치 토큰으로는 일반 상품과의 거래는 물론이
고 일정 환율로 실제 통화랑 교환 가능하게 될 것입니다.

2

시트 12 SCM

─ 가치창출을 위한 공급자 체계─

앞서 포지셔닝에서 우리의 전략이면 이 사회에 충분한 가치를 창출해줄 거라고 판정이 나왔습니다. 이젠 전술에서 지혜를 찾아야 할 것입니다.

아시나요, 전략은 멀리 방향을 보는 거고 전술은 그걸 이루어내게 해주는 방편을 찾는 겁니다. 맞나요?

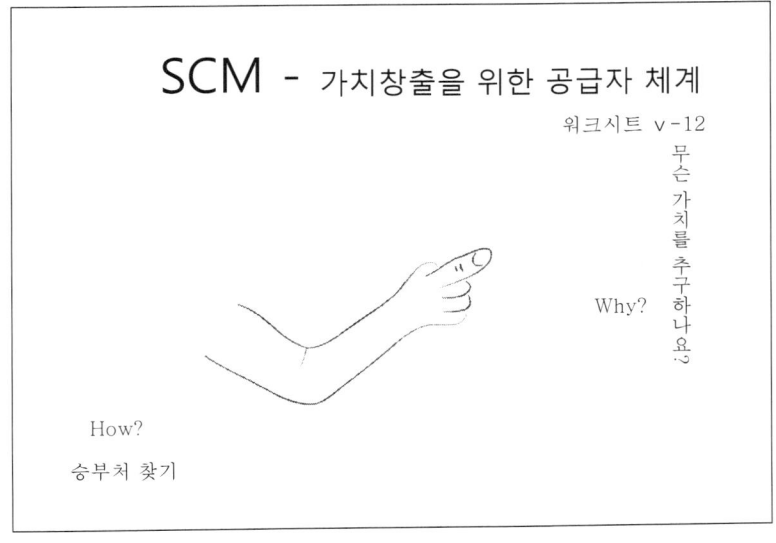

SCM - 가치창출을 위한 공급자 체계

워크시트 ∨-12

무슨 가치를 추구하나요?

Why?

How?

승부처 찾기

오늘은 공급자 체계입니다. 무엇이 그 전략을 달성가능하게 해준다는 걸까요?

why? 원펀치를 왜 하죠? 마케팅과 코딩 지식을 전문가 수준으로 길러내어 팀 역량을 강화해주기 때문입니다.

how? 그러는 사이에 올라온 글들은 고스란히 모아서 책자를 발행해 동참하신 분들로 하여금 인세 및 강사료 수입을 올릴 수 있게 해드립니다. 이게 동기부여 책으로 역할해 선순환하는 소규모 스터디그룹으로 발전할 수 있지 않을까요?

어쩜 보다 광범위하게 참여케 하기 위한 방안으론 소프트웨어로 구현해내는 길도 있을 겁니다. 그리고 그 기회를 우린 블록체인 모듈에서 찾을 수 있을 걸로 사료됩니다. 이미 콘텐츠 관리에 도입한 몇 몇 블록체인 사례들(스팀잇, 코닥원, 시빌 등)이 그걸 입증해주고 있어요.

3

제품콘셉트 - 표현콘셉트 - 실행콘셉트

제품콘셉트는 제품이 가진 속성편익 그 자체입니다. 시트 7 콘셉트보드에서 우린 보았습니다. 그리고 그걸 광고에 내보내고자 할 때에 탄생하는 콘셉트를 표현콘셉트라 합니다. Communication concept이라고도 하지요. 가장 매력적인 일부분만을 소비자에게 드러냅니다. 그랬을 때 소비자가 나머지 모자라는 부분을 스스로 채워서 전체로 인식하는 심리를 활용한답니다. 그냥 붙들면 된다는 입장입니다.

또 실행하는 모습이나 실행 가능한 모듈을 만들어낼 때에 탄생하는 콘셉트를 실행콘셉트라 부릅니다.

모두가 동일한 내용이지만, 목적에 따라 각기 다른 세 얼굴을 갖고 있는 셈입니다.

오늘은 실행콘셉트, 그중에서도 실행 모듈을 탄생시키기 위한 콘셉트 이야기입니다.

코딩은 어느 특정 업무를 하는 이들의 고유영역이 아닙니다. 이젠 누구나 다 갖다 쓸 수 있고, 다들 배워서 익혀야 하는 기술로 바뀌었습니다.

특별히 마케터들이 직접 코딩을 배워서 활용해낼 수 있는 분야는 무궁무진합니다. 코딩 선진국에선 이 목적으로 만들어진 커뮤니티들이 활발하다고 알고 있습니다.

문제는 이 마케팅, 코딩 두 영역이 각기 다른 성질의 두뇌를 활용하는 일이라는 겁니다. 흔히 우뇌, 좌뇌의 영역이라 합니다. 그러니 대개는 어느 한쪽만 발달하지 양측을 모두 발달해낸다는 것이 아주 어렵다는 겁니다. 이를 젊은 시절에 극복해낸다면 필히 삶에서 좋은 결실을 볼 수 있다고 내 감히 장담합니다.

여기선 어떻게 하면 코딩을 제대로 잘해낼 수 있느냐는 이슈를 들여다보는 게 목적입니다. 랭귀지로 코딩하는 내용은 별도로 익히시기 바랍니다.

코딩의 철학은 처음엔 절차지향 프로그래밍에서 시작해 구조적 structured 프로그래밍을 거쳐 지금은 대세인 객체지향 프로그래밍으로 발전되어 왔습니다. 이를 전 주체지향subjective에서 객체지향 objective로 바뀌었다 합니다. 이젠 내가 상대의 입장이 되어 세상을 보는 시선에서 시스템을 구현하는 것이 개발자의 기본철학이 되어 줘야 한다는 측면에서 본 겁니다.

그렇게 되면 우린 처음에는 좀 작업이 힘들게 느껴지겠지만, 하나둘 구현되는 내용이 늘어나면서는 시스템 확장성과 유지보수/관리의 편리성 차원에서 엄청난 이득을 다 같이 보게 된다는 겁니다. 이건 곧바로 생산성과도 직결됩니다.

이 실행콘셉트에서 지켜내야 할 또 하나는, 요구사항을 수렴할 때엔 여태 작업해서 탄생한 제품/표현 콘셉트에서 워킹하는 규칙이 아닌 경우엔 과감히 잘라내는 결단을 종용해야 합니다. 그에 따른 설득력이 같이 해야 함은 당연.

물론 중요한 것부터 먼저 구현해나가다 보면, 나중에 가서 보다 덜 중요한 것들은 절로 따라오는 현상 또한 우린 볼 수 있답니다.

그럼, 어떤 편익이 내게? 콘셉트로 마케팅하고 코딩한다 하니깐, 그게 내 비즈니스랑 무슨 연관이 있냐고들 하십니다. 경영역량의 거의 한 칠십 퍼센트는 통찰력이니, 소통이니 하는 콘셉트에서 나옵니다. 근데도 경영을 하시는 분들조차 이 엄연한 사실을 애써 외면하십니다. 왜일까요? 아마도 콘셉트를 잡아낸다는 게 어렵기 때문이 아닐까요? 생소하니깐요.

원펀치 개념훈련 집단지성을 한 육 개월 연마하시면 암묵지가 형식지로 드러나는 현상을 포착해낼 수 있답니다. 경영이 눈에 보이고, 가슴에 와 닿는 때가 옵니다. 곧 콘셉트가 바로 선 게지요.

요즘 대학에서도 융합이 대세라 하네요
그럼 마케팅과 코딩의 융합교육을 하고 있는 원펀치의 전략이 맞는 거 아닐까요?

··· 3부. 대학 교육의 미래

세계적인 미래 학교 모델로 손꼽히는 미네르바 스쿨 CEO 벤 넬슨은 "현재 대학이 가르치는 방식은 천 년 전 교육 방식과 달라진 것이 없습니다"고 말한다. 더불어 많은 전문가들은 현재 대학 교육은 가까운 미래를 대비하기엔 역부족이라고 지적한다. 그래서 세계 곳곳의 대학은 기존의 일방적으로 가르치는 방식에서 벗어나 사회와 협력하며 새로운 방법으로 미래 인재를 길러내는 학교로 재탄생하고 있다. 그렇다면, 앞으로 우리나라의 대학 교육은 어떻게 변해야 할지, 각계각층의 전문가들과 함께 토론해본다.

— EBS1 교육, 세상을 바꾸다 2018-02-04 11PM 방송

4

시트 13 힘의 삼 원칙

우린 대화를 할 줄 모르는 민족입니다. 각자가 자신의 입장만을 주장합니다. 상대를 통~ 인정하지 않습니다.

그러다 보니 사회적으로 여러 가지로 문제를 많이 안고 살아갑니다.

필자는 그 원인을 유전적인 데에서 찾았습니다. 우리 조상님들이 명석한 두뇌와 손재주를 가졌다는 건 인정하지만, 남을 인정하고 서로 다른 의견을 조합해내는 데엔 잼병이었다는 것을 각종 역사 기록을 통해서 알 수 있었습니다.

어떻게 해서 그런 결론을 내리게 되었는지 예를 좀 들어보죠.

1. 조선시대에 끊임없이 이어졌던 사색당파 싸움
2. 국론을 통일하지 못해 대비를 소홀히 한 탓에 임진왜란/병자호란을 겪었던 일
3. 근세 조선말에 들어와선 국운이 쇠해지고 결국엔 일본에 나라를 빼앗기고 말았던 일
4. 2차 대전 후 연합군의 도움으로 해방을 맞고 주권을 회복하긴 했으나 지도자들이 합의를 이루지 못하고 남과 북으로 갈라지게 되었던 일

5. 몇몇 지도자들을 잘 만나 근근이 경제 선진국으로 올라서긴 했으나, 여전히 자유민주 정치를 어설프게 실험하고 있는 중

6. 어리석은 국민성으로 인해 늘~ 강력한 카리스마를 가진 지도자를 필요로 해왔다는 점

저희 의견에 동의하시나요?

이제 세상은 인터넷, SNS 등 정보통신의 발달로 인해 이전과는 달리 보통 사람들의 역량에 의해 보다 많이 국운이 좌지우지되는 시절로 이미 접어들었습니다. 몇몇 지도자의 역량에 의존해서는 선진 강대국들과 겨룰 수가 없을 정도로 세상은 다양해지고 여러 분야가 함께 엮여서 돌아가고 있습니다.

지혜를 모을 줄 모르는 지금의 우리 유전자로는 더 이상 새 시대에 어울리는 국민들로 거듭나서 지혜를 모아 우리 주위의 강대국들과 함께 당당히 어깨를 겨룰 수 있는 부국강병의 대한민국으로 발돋움하기가 불가능하다는 것이 저희 판단입니다.

어떻게 해야 할까요? 우린 과연 우리의 열성 유전자를 바꾸어낼 수 있는 걸까요?

이 이슈로 아래에서 여러분과 같이 집단지성을 구해보겠습니다.

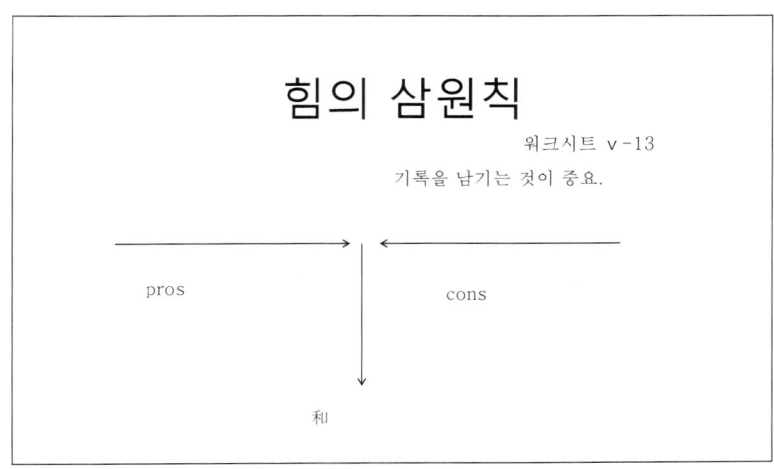

주제 - 남을 인정하고, 같이 지혜를 모으는 유전자를 길러내지 않음 우리 대한
민국엔 더 이상 미래가 없다.

PROS

그렇습니다. 필자는 오랫동안 이 유전자의 실체가 무엇일까 고민 끝에 이런 이
름을 찾아내었답니다. 객체유전자objective gene. 널리 사회를 이롭게 하겠다
던 홍익인간이란 철학이 더 이상은 우리 국민성이 아니라는 것에 전 그저 놀랄
뿐입니다.
그 반대는 주체유전자subjective gene라 하겠습니다. 자기나 자기 가족, 자기
동료party밖에는 모르는 이들의 생각과 시선, 그리고 주의, 주장, 또 행동을 일
컫는 개념 정의입니다.

CONS

아니요, 그렇지 않습니다. 우린 위기에 강한 민족입니다. 그렇게 많은 이웃 나라
의 침략전쟁에서도 우리 국민은 언제나 하나로 뭉쳐서 그네들을 물리쳐 왔습
니다. 근세사에서 3·1 독립만세 운동이라든지, 이십 년 전 외환 위기 때에도 금

모으기 운동 등에 전 국민이 동참하는 등 놀라운 응집력을 갖고 있는 우리 국민성입니다.

화 和

이제 문제가 더욱 뚜렷하게 보입니다. 우린 소 잃고 외양간 고치는 격의 사후 처방엔 하나로 뭉치는 놀라운 저력을 갖고 있지만, 사태의 징후를 판단해내고선 미리 대처하고 예방하는 데엔 그 지혜를 모으는 힘이 한없이 미약하기만 한 것 같습니다. 맞나요?

그렇담, 우린 이 주체유전자를 객체유전자로 바꾸어내는 운동에 국민 모두가 동참해서 새 역사를 만들어가는 새로운 민족 유전자로 거듭나야 할 것입니다. 어떻게? 그것도 지혜를 같이 모아 가심 되지 않겠어요? 그 첫걸음을 오늘 우린 뗀 겁니다.

집단지성을 이루는 세 번째 툴, 힘의 삼 원칙을 실습해보았습니다.

이렇듯 우린 어떤 주제에서든 서로 진지하게 머리를 맞대다 보면, 화의 해법을 도출해낼 수 있겠습니다. 답변에 시청자 등의 눈치를 보아야 하고, 주최 측의 의도 등 격식에 따라야만 하는 TV 대담보다는 훨~ 더 효과적으로 우린 이렇게 자유로운 인터넷 대담 방식을 활용할 수 있다는 사실에 솔직히 충격받지 않으셨나요?

5
Roughly right is better than
precisely wrong

대략이라도 방향이 옳은 게, 정확히 했지만, 방향이 틀린 것보다 낫습니다.

개념은 대개 대강, 대략, 거칠다란 뜻입니다. 영어로는 이를 rough 라 합니다. 그 반대의 말이 정확하다는 뜻의 precise라 하겠습니다. 그러니 여기 이 말은 왜 개념이 중요한지를 딱 한 마디로 정의 내려주는 말입니다.

아무리 정확한들 그 방향이 틀렸다면, 그건 아닙니다. 거칠더라도 대략 방향이 맞는 게 훨~ 낫습니다.

임마누엘 칸트가 『순수이성비판』에서 했다는 아래 명제는 이걸 더욱 극명하게 설명해줍니다.

> '직관 없는 사유는 공허하고 개념 없는 직관은 맹목적'
> 경험(직관)에서 나오지 않은 사상이란 내용이 없으니 그건 공허할 뿐입니다. 그리고 지성의 능동적 활동에 따른 개념이 없는 경험(직관)은 얼핏 아무리 멋들어진 놈이 나온 듯 보여도 아직 틀과 형식으로써 정리되지 않아 맹목적, 즉 배가 산으로 올라가는 격이니 쓸모가 없을 뿐입니다.

칸트에 의하면 인간은 시간과 공간이라는 '직관형식'과 지성의 능동적인 작용을 위한 '개념형식'인 범주를 경험에 앞서 '선천적으로' 갖고 있다 합니다.

시간과 공간은 인간이 경험을 통해 '인식 대상'을 담는 틀이고, 범주는 개념을 통해 지성이 '사고' 할 수 있게 해주는 틀입니다.

곧 직관은 수동적, 수용적이고 개념은 능동적, 자발적, 구성적입니다.

이상 철학개론에 나오는 이야기입니다.

마케팅이니 코딩 이야기를 한다면서 왠 철학개론을?

우린 기본적으로 지식과 소양을 갖추지 않고선, 더 이상 나아가 보아야 별로 쓸모가 없답니다. 기본이 먼저고, 그리곤 응용이 따르게 되어 있는 게 세상 이치입니다.

그렇담, 최소 우린 '경영학원론, 마케팅관리, 자바 랭귀지' 정도의 책 한 권씩은 늘 곁에 두면서 의문이 생길 때엔 들여다볼 수 있어야겠습니다. 기본이 먼저고 그 이후에 플러스알파가 매직을 발휘하는 겁니다.

그게 경쟁력입니다. 혼자서 내가 최고다 하는 건 우매한 고집일 뿐이죠.

시트 14 CRM

― 일관성 있는 고객관계관리 ―

이번엔 누구에게to whom 무슨 혜택을for what 줄 수 있는데? 의 이슈입니다. 여기선 일관성을 잃지 않는 것이 중요. 혹 전략에 맞지 않다면, 그 카드는 버리는 게 맞습니다.

원펀치는 교육 프로그램 범주에 속합니다. 그러니 좋은 교안(책)이 나와야 하고, 커리큘럼, 실습 주제 등이 나와줘야 할 것입니다. 필요에 따라서는 편리한 소프트웨어들이 나와서 자발적으로 스터디그룹을 열어 활동하시는 분들께 동기부여 책과 효율성을 제고해 드릴 수 있어야 할 것입니다.

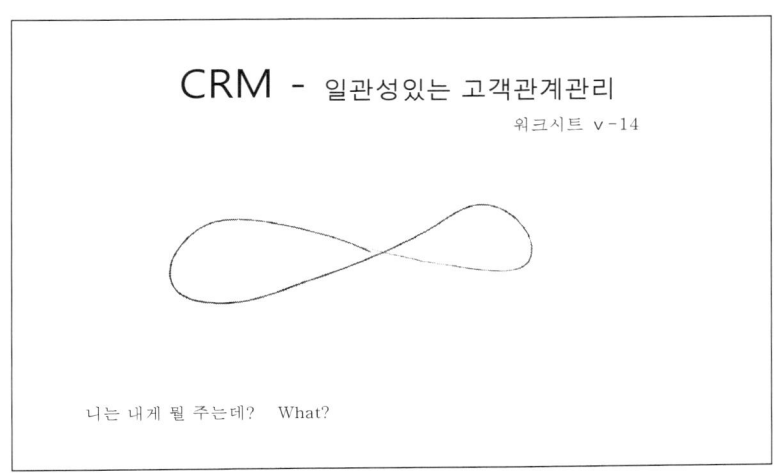

CRM - 일관성있는 고객관계관리

워크시트 v-14

니는 내게 뭘 주는데?   What?

to whom

먼저 기업/단체/대학 교육담당자입니다. 페이스북에서 알게 되어 제게 원펀치 강좌 요청이 올 때엔 제가 만날 수 있는 분들일 것입니다.

다음이 수강생. 대개는 앞의 교육담당자들이 자기 커뮤니티 내에다 홍보해서 수강생들이 알고 오게 될 걸로 사료됩니다.

마지막이 파트너. 이분들은 수강생으로 참여해서 알게 된 콘셉트에 의한 경영에 매료된 분들일 겁니다. 자발적으로 원펀치 공부에 뛰어들어 스터디그룹도 만들어 활동하시는 분들이라 하겠습니다.

for what

사실상 교안으로 활용할 목적으로 집필 중인 원펀치 책자가 나오고 나면 일단 기업/단체/대학 교육담당자를 대상으로 그 책자를 배포해야 할 것입니다.

거기서 강좌가 열리게 되면 수강생들을 대상으로 충실한 강의 커리큘럼, 흥미로운 실습주제 등이 나와줘야 할 것입니다.

그리고 지금 당장은 아니지만, 점차로 편리한 소프트웨어들이 나와서 원펀치 스터디그룹을 리드하시는 파트너 분들에겐 동기부여책과 효율성을 제고해드릴 수 있어야 할 것입니다.

7

마케팅 & 코딩 기획실무

어젠 장인어른 기일이라 고향엘 다녀왔습니다. 난 클 때엔 내가 기업경영을 하리라곤 생각도 해본 적이 없었습니다. 그러다 나이 삼십 중반에 기업경영의 뜻을 품게 되고 그 길로 나서게 된 것이 바로 이 장인어른으로 인해서입니다. 어른께선 평생을 기업경영 해 오셨고, 하시는 일마다 실패를 모를 정도로 장사에선 탁월했던 분으로 알고 있습니다.

살아보니 지금의 아내가 이 어르신과 닮은 꼴입니다. 덕택에 난 오십 줄이 넘어오면서는 가르치는 일에 전념해올 수 있었고.

시트 10 공간지각도 조사에서 우리의 제안가치가 전문성과 역량 강화, 마케팅과 코딩 지식을 전문가 수준으로 끌어올려 팀 역량을 강화해드리는 걸로 나왔습니다.

제품 선도형 PL이며, 차별화 전략입니다.

근데 문제는 이걸 범주category로 드러내야 한다는 것입니다. 마케팅과 코딩 지식이라 하면 범주가 너무 커서 100쪽의 책에다 그 지식을 모두 담는다는 건 불가능합니다. 어떻게 해야 차별화가 될 수 있을까 고민이 안 될 리 없습니다.

다행히 구글 검색을 해보니 기획실무라는 용어를 그래도 흔히들 쓰는가 봅니다.

전략, 전술과 같은 딱딱한 말보다는 나아 보입니다.

그래, 이걸로 우리의 범주를 정해봅시다. 여태는 마케팅 기획실무니 코딩 기획실무 같은 말은 있어도, 우리처럼 마케팅 & 코딩 기획실무라 해서 하나로 갖고 가는 이는 없었던 거로 압니다. 그럼, 충분히 차별화도 될 수 있으려니 생각이 듭니다.

돌아가신 장인어른께서 내게 주신 선물인 양 여겨집니다.

8
원펀치
― 콘셉트에 의한 경영 Management By Concept ―

개념으로 경영하는 사람들의 반대는 누구일까요?

구체로 경영하는 사람들.

맞나요? 그 사람들은 어떻게 경영을 한다고요?

디테일에 치우친 사람들입니다. 그래선 숲을 못 보니 한참을 내달려서야 자신이 어디에 있는지를 깨닫습니다. 하지만, 이미 돌이킬 수 없는 처지임을 알고선 한탄하지요.

개념으로 경영하는 사람들은 숲을 먼저 보고선 그림을 그리는 데에서부터 시작합니다.

그리고선 디테일로 접어드니깐, 방향에서 틀릴 확률이 현격히 줄어듭니다.

소위 말해 시행착오를 줄이고, 리스크를 휠~ 덜어주는 지혜로운 방법이지요.

그러니깐 결국, 원펀치 - 콘셉트에 의한 경영은 우리 경영에서 지식이 아닌 지혜를 찾는 운동이라 하겠습니다. 모든 카테고리를 아울러 콘셉트를 찾고, 직감에 의존하니 보다 동양적인 접근이라 할 것입니다.

그 노하우를 제가 오랫동안 연마해왔기에 이젠 전수가 가능해졌다는 겁니다.

원펀치 - 콘셉트에 의한 경영

─ 마케팅 & 코딩 기획실무 ─

2017. 10. 22 ~ 2018. 2. 15

9

시트 15 펌프 프라이밍

소비자에게 다가가기 위해선 우린 자신이 잘 채비가 되었는지 몇 가지 점검을 마쳐야 합니다. 아래는 필자가 오랜 경험에서 찾아낸 세 가지 요소입니다.

반드시 자신의 방식으로 그 측정치를 계량화하고선 이 점검 요소들을 관리해나가야 합니다. 제 경우엔 페이스북 좋아요 수와 별도로 관리하는 모니터링 그룹의 설문조사를 기준으로 삼습니다.

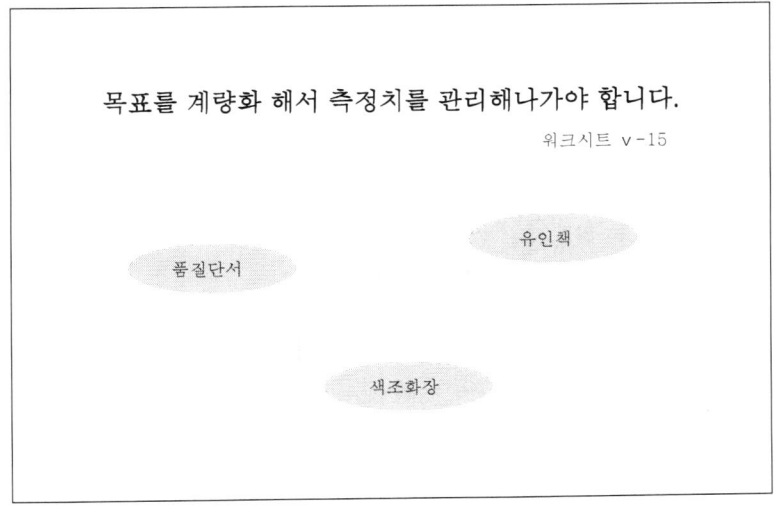

목표를 계량화 해서 측정치를 관리해나가야 합니다.

워크시트 v-15

품질단서

유인책

색조화장

품질단서 - 이번에 나오는 책자와 그로 인해 나갈 원펀치 강좌가 우리의 quality clue로 작동하게 될 것입니다. 눈에 보이고 가슴에 와 닿는지 여부가 쉽게 판가름나질 않을까요? 원고지 100여쪽으로 일단은 승부합니다.

색조화장 - 마케팅 & 코딩 기획실무라는 category가 소비자를 붙들 수 있을 것입니다. 지금껏 아무도 이런 범주를 내놓은 이는 없었고, 앞으로도 한동안은 그리 쉽게 따라 하진 못할 겁니다. 그 이유는? 한 사람이 공히 우뇌 좌뇌를 발달시켜낸 경우는 제가 보기에도 극히 드물더군요.

유인책 - 저희 콘텐츠는 언제든 ManagementByConcept.com에 접속하기만 하면 지금 당장 살아있는 사례로 실습을 진행할 수 있습니다. 누구든, 어디에서든 이 콘텐츠에 접속해서 자신을 연마할 수 있는 채널을 제공합니다. 그게 콘셉트에 의한 경영입니다.

마중물 전술도 이젠 빵빵해 보입니다.

C
10
리더십을 이루게 하는 세 가지 규칙

리더십은 한 마디로 나 아닌 사람이 내가 찾아낸 비전을 보고선 같이하게 하는 겁니다. 맞나요? 무슨 사연으로 이분들이 원펀치를 자신의 생업으로 여기게 되어 뛰어들게 된다는 걸까요?

시트 14 CRM 고객관계관리에서 원펀치에겐 세 가지 부류의 고객이 있다 했습니다. 교육담당자, 수강생, 그리고 파트너. (ManagementByConcept.com 참조)

교육담당자와 수강생은 앞서 본 마중물 전술로 붙들 수 있어 보입니다. 뭐였죠? 브랜드 원펀치가 갖고 있는 간절함, 그리고 그 책자와 강좌. 넘치는 차별화 요소들, 즉 워크시트로 소통, 마케팅과 코딩을 한꺼번에 기획해내는 실무 노하우 전수, 언제 어디서나 실시간으로 실습이 가능한 채널 제공 등이었습니다. 이걸로 교육담당자와 수강생은 넉넉히 붙들 것으로 보았습니다.

하지만 파트너인 경우엔 그걸로는 부족해 보입니다. 뭐를 더해야 할까요?

맞습니다. 동기부여 책입니다.

시트 12 SCM 공급자 체계에선 그걸 실습에 참여하면서 같이 올린 글들로 책자를 발행해 동참하신 분들에게 인세 및 강사료 수입을 올리게 해드리는 걸로 찾아내었습니다. 그렇게 해서 스터디그룹이 탄생할 수 있다고 보았습니다.

물론 여기엔 중요한 전제가 하나 빠졌습니다. 이 원펀치가 제안하는 핵심가치가 자신(혹은 팀)의 업무나 사업에서 지혜를 더해 드린다는 거 아니었나요? 사실상의 저희 비전이라 할 것입니다.

자, 그럼 우리 원펀치를 공부하고 익힐 필요성은 충분해졌다고 보아도 될까요?

이제 오늘은 거기서 딱 반보만 더 나가 보겠습니다.

아래에 제가 운영하는 모니터링 그룹에서 주고 받았던 채팅 내용을 따왔습니다. 통찰력을 얻게 되실 줄로 사료됩니다.

REPORT · 10:09AM

우린 혼자서는 도무지 뭘 이루기가 힘에 겹기만 합니다. 그래서 자신이 어떤 비전을 찾았을 때엔, 남들을 설득해서 같이 하고자 노력을 합니다.

이때에 먹혀드는지 여부를 갖고선 리더십이 있다 없다라 합니다.

자, 여러분께선 그럼 그 리더십이 있고 없고의 핵심이 무어라고 생각하시나요?

우선… 좀 더 거슬러 올라가서 제가 하나 더 물어보죠.

비전을 찾지 못한 사람은 그럼 리더십 운운에서 애초 자격부터 갖추지 못했을까요?

어때요? 여러분들의 생각은요?

REPORT · 10:12AM

좋은 아침입니다…^^

REPORT · 10:12AM

ㅎㅎ 최사장님, 오랜만이에요 ~

답이 없으시니, 제가 답해보죠.

그렇습니다. 어떤 가치 즉 비전을 찾지 못한 사람은 리더십 운운의 대상이 되기
아마도 힘들 겁니다. 누굴 설득해서 무얼 이루고자 함이 없을 테니깐요.

REPORT · 10:14AM

그저 우리… 돈 좀 벌어봅시다 … 이런 것도 그럼?

REPORT · 10:14AM

돈 버는 일을 같이한다는 건 정말 좋은 일이죠..

REPORT · 10:15AM

예, 하지만 제 질문은 그게 리더십 운운의 대상이 되느냐는 겁니다 ㅎㅎ 최 사
장님께서 함 답해보실래요?

REPORT · 10:16AM

리더쉽은 어느 누구에게 바래서는 안됩니다. 요즘은 특히 각자가 전부 리더쉽
을 생각해야죠

그래도 될까 말까 하는데…

REPORT · 10:16AM

그렇습니다. 그런데 오늘의 주제인 이 리더십은 어떨 때에 있다 없다로 구분이
될까요?

REPORT · 10:21AM

ㅋㅎㅎ 괜찮아요, 최 사장님 덕분에 주제가 더욱 윤택해졌답니다 ~~!

자, 제가 던지는 질문이 이어집니다. 우린 어떤 비전을 찾았을 때 그럼, 어떻게 해야 성공적인 리더십을 구현해낼 수가 있을까요?

REPORT · 10:23AM

책임감의 분할이 아닐까요? 혼자서 다 한다면 리더십은 한쪽으로 기울게 되죠

REPORT · 10:23AM

많은 사람이 동기부여에 대해 그 원인이… 보수다, 혜택이다, 남에게 인정받는 거다, 배출의 욕구를 건드려주는 거다 등등으로 표현합니다.
예, 책임감이 어떨 때에 분할이 되어 잘돌아갈까는…. 그 핵심 동기를 찾아내자는 겁니다.

REPORT · 10:24AM

비전제시 또한 지속적인 업그레이드가 필요할 거 같습니다.

REPORT · 10:24AM

당연하겠지요. 세상은 변하니깐요.
우리가 잘 아는 공자의 중용에는… 경과 권이 나옵니다.
물론 경은… 변치 않는 세상의 원리를 말합니다.
권은 시시각각으로 상황에 따라 우리의 정의는 달라진다는 것을 말합니다.
대개는 이 권의 이치를 잘 찾아내고 익혀야 한다는 것이 바로… 중용이 글로 나오게 된 사연이라 합니다.
그만큼 어렵기 때문이 아닐까요?
자, 이 저울질을 그럼 필자는 어떻게 해내는지 궁금하지 않으세요?

세 가지의 규칙을 세웁니다. 다음이랍니다.
보안레벨과 배분정책, 소유레벨과 협업정책, 그리고 믿음레벨과 사수정책입

니다.

먼저 보안레벨과 배분정책입니다. 같이 하는 이들이 나섰다 합시다. 그럼 우린 소위 말해 의기투합했다 합니다.
그럼 모두가 동일한 배분율을 적용해야 할까요?
중국의 한고조 유방은 천하통일을 이루고 난 후에 모두를 제거해버렸습니다.
고난은 같이 하되, 영화는 같이 나누지 않았지요

REPORT · 10:29AM

보안레벨과 배분율??

REPORT · 10:30AM

그건 옛날이니깐 가능했을 겁니다. 요즘은 수시로 배분하지 않음, 아무도 따라 오지 않습니다.

REPORT · 10:30AM

좋은 방법이네요. 성공이 자연스러워지겠네요.
보안레벨은 뭐죠?

REPORT · 10:31AM

예, 같이 하는 이들 가운데에 보안레벨을 낮추는 이가 있음 배분율을 높여줍니다. 그리고 그 레벨을 높이는 이가 있음 배분율을 낮추어 줍니다.
최 사장님 말씀하시는 과업을 할 때에 임하는 사람의 속을 말하지요.

REPORT · 10:32AM

어렵네요, 설명이.

REPORT · 10:32AM

속과 겉이 같으면 보안레벨이 낮은 사람입니다. 그렇지 않고 다르면, 보안레벨이 높은 사람이구요.

리더십이 쉽지만은 않지요. ^^

REPORT · 10:32AM

아,

보안레벨이 낮아야 좋은 거군요.

REPORT · 10:33AM

반비례한다는 겁니다.

이해되셨으면, 다음으로 넘어갈까요?

소유레벨과 협업정책입니다. 같이 하는 이의 소유레벨을 높여주면 어찌 될까요?

얼마 전에 작고한 스티브잡스는 3 : 7의 배분율로 유명합니다.

애플이 3을 먹습니다. 그리고 콘텐츠 제공하는 이는 7로 만족해야 합니다.

REPORT · 10:35AM

예.

훌륭하죠.

REPORT · 10:35AM

그렇지만, 누군가가… 당신이 소유권을 가져라. 그리고 네가 거의 다 먹어라. 예를 들어 8을 먹어라. 이럼 어떤 일이 벌어질까요?

죽어라고 열심을 다하지 않겠어요?

그 정책을 반영한 비즈니스가 프랜차이즈 협업입니다.

REPORT · 10:37AM

컨텐츠의 중요도에 따라 파급력이 달라지겠네요.

REPORT · 10:37AM

프랜차이즈 본부는 노하우를 줍니다. 그리고 가맹점주는 자기 사업을 하는 겁니다. 물론 2할은 가져가지요.

REPORT · 10:38AM

아무튼 좋은 컨텐츠일 경우 굉장히 좋은 제안인 듯합니다.

REPORT · 10:38AM

규칙은 규칙입니다. 세워 놓고선 모두가 거기에 맞추어내는 게지요.

REPORT · 10:38AM

그럼 프랜차이즈 본부의 할 일은 인프라를 제공하는 건가요?

REPORT · 10:38AM

소유레벨을 높여주니, 죽을 둥 살 둥 열심으로 협업해내어 줍니다. 이게 리더십입니다.

REPORT · 10:39AM

아님 방법론을 제시하는 건가요?

REPORT · 10:39AM

지금 리더십을 얘기하고 있답니다.

인프라는 가맹점이 알아서 하는 건가요?

지금 프랜차이즈를 얘기하는 게 아니걸랑요.
소유레벨과 협업의 정도가 정비례한다는 사실을 인정하세요?

그럼, 다음 토픽으로 넘어갑니다. 믿음레벨과 사수정책입니다.

같이 하는 이가 믿음을 굳건히 갖고서 임한다면, 물론 우리의 비전은 사수할 수 있을 겁니다. 하지만 그렇지 못하고 자꾸 비전에 대해 믿지 못하는 행위를 보인다면, 그건… 우리의 비전이 사수될 가능성이 낮아진다는 얘기입니다. 그렇나요?

그런 이가 있다면, 조직에서… 리더십이 제대로 구현이 되겠어요?

그런 사람은 애초에 싹부터 자르는 것이 현명할 겁니다. 그렇지만, 어디 사람이 어떻게 알아요? 같이 하다 보니 그런 품성이 드러나는걸요. 그럴 때엔 기회를 잘 보아서 제거해내는 겁니다.

우린 애써 찾아 추진해온 비전을 죽기를 각오하고 사수해내야 하걸랑요!

자, 이 둘 간은 정비례의 관계입니다. 다들 인정하시나요?

자 오늘 모두 세 가지 필자가 찾아낸 규칙을 말씀드렸습니다. 다시 함 정리해보실까요?

보안레벨과 배분정책 - 참여하는 이가 무엇 때문에 열심으로 일을 하게 될까요? 뭔가 손에 쥘 수 있다는 기대감 때문이 아닐까요? 그렇담, 과연 어떤 규칙으로 배분해야 할까요? 역지사지, 내가 거꾸로 되었다. 입장 바꿔보면 답이 보입니다. 같이 하는 이들 간에 보안레벨을 각기 달리해서 이 배분규칙을 적용해 나갑니다. 노력의 장이 같은 보안레벨에서는 둘이서 일을 도모한다면 동업 방식이, 셋 이상이면 1/N 조합형이 대체로 무난해 보입니다.

소유레벨과 협업정책 - 그래도 업을 내 거로 하고 싶은 이들이 있을 터입니다. 그런 분들에겐 그 기회를 드리는 겁니다. 가장 손쉬운 방법이 가맹점주, 가맹점 프레임을 활용하는 방안입니다. 가맹본부에서 20%만 제하고, 나머지 80%는 소유권이 자신에게 있는 비즈니스 형태입니다. 그리고 또 자신이 갖고 온 비즈니스라고 여기는 분들께는 그 비즈니스에 대한 소유권을 종래에는 갖게끔 해드립니다. 그렇담, 그 사람은 죽을 둥 살 둥 열심으로 일을 할 테니깐요.

믿음레벨과 사수정책 - 권리 위에서 잠자는 이들이 있습니다. 일정 배분과 소유를 보장받게 되면 사람이 나태해지기가 십상입니다. 그랬을 때엔, 정말 이 사람으로 인해서 우리의 공동 비전이 달성되기에 위험할 지경이다라는 판단이 섰을 때엔, 과감하게 그 사람을 해당 조직에서 잘라내는 겁니다. 우리의 믿음에 대한 배신이라 규정지어지는 경우라 하겠습니다.

강태공은 육도삼략으로 노자는 대교약졸로 손무는 손자병법으로 이 세상에서 각기 리더십을 구현해내었습니다. 필자는 위의 세 경영개념을 선포함으로써 이들 선각자들의 뒤를 따르고자 합니다.

필자가 늘 주장하는 말에… 콘셉트융합이라고 있습니다. Con-vergence & Concept이라 서양에서는 말하지요.

그건 각기 다른 개념이 융합된다는 차원입니다.

우리가 얘기 나눈 리더십의 규칙, 세 가지의 경영개념이 이렇게 콘셉트융합을 이루게 되면 아주 훌륭한 리더십지침이 되어 나온답니다.

우리가 이 세 규칙을 때에 따라서 적용한다면…, 이 시대가 요구하는 위대한 지도자가 탄생하는 모습을 지켜볼 수 있을 거라 감히 장담합니다.

11

시트 16 리더십 구현

　협업율은 소출로, 배분율을 가리로 각기 이름을 지어주어 부르겠습니다.

　앞서 리더십 규칙에서 보았듯이 자신의 소유가 얼마냐는 개념이 소유레벨과 협업율입니다. 리더십과 정비례합니다. 반면에 여타 고객과는 달리 사업 파트너 관계라는 개념이 보안레벨과 배분율이며, 리더십과 반비례합니다. 믿음레벨과 사수정책은 조직을 지켜내자는 개념이며, 계약서 단서 조항에서 반영하면 될 터입니다.

　고민 끝에 소출, 가리로 각기 20%, 10%가 좋겠다는 결론을 내렸습니다. 이렇게 해서 리더십이 구현되는 기업 지배 구조로는 프랜차이즈 가맹사업이 적합하겠다고 저흰 보았습니다.

Leadership, 지배구조 개선책

워크시트 v-16

_____ 기업들의 리더십 원천은?

기업형태
(_____산업)

주식회사
유한회사
합자회사
개인회사

프랜차이즈
협동조합

원펀치의 파트너를 위한 동기부여 책으로 저흰 소출과 가리라는 경영개념을 만들어내었습니다. 정말 멋진 이름이지 않아요?

원펀치라는 독특한 교육 프로그램의 스터디그룹을 관리하는 것이 목적인 저희 경우엔 프랜차이즈 협업이 적합하고, 그 협업율이 소출 20%, 배분율은 가리 10%라는 겁니다.

가맹점에 전수되는 노하우는 곧 원펀치 교육 프로그램이고, 수입원은 거기서 생산되는 산출물로 거둬드리는 인세, 강사료, 그리고 부대수입이 되겠습니다.

1인 가맹점주가 너무 비대해져 교육품질이 떨어지는 것을 방지하기 위해 한 팀에 5~6명씩, 최대 6개 팀까지만 관리 가능케 합니다.

이 가맹점주에겐 자신의 범주category에서 선거에 나가 가맹본부 사업경영에 이사로 참여할 기회를 드립니다.

가맹본부 경영엔 이사회를 최고 의결기구로 두고, 범주별로 스터디그룹 리더(가맹점주)들 가운데에서 한 명씩의 이사를 선출해 이사회를 구성합니다.

가맹본부의 집행부서는 이사 가운데에서 선임하여 맡기며, 그땐 그 이사를 상근이사라 부릅니다.

이사회를 주관하고 대외적으로 가맹본부를 대표할 1인을 이사들 가운데에서 선출해 이사회 의장의 신분을 맡깁니다.

이사회에선 역시 1인을 선출해 감사의 신분을 맡깁니다. 가맹점주들의 믿음레벨을 항시 살펴서 조직을 사수해내는 임무를 감사에게 부여합니다.

감사는 이사 신분이 아닌 사람도 선출이 가능합니다.

가맹점 카테고리가 점차로 세분화되어 가게 될 때엔 글로벌 조직 또한 같이 연계해서 이사 숫자를 조절해나갈 계획입니다.

상근이사, 감사, 이사회 의장은 가맹본부에서 일정한 급여 및 상여금을 받으며, 이는 이사회 결의사항입니다.

가맹점주, 가맹본부는 가맹점 재산의 80%, 20%를 각기 나누어 소유합니다(소출).

가맹점의 매출 거래에서 가맹본부는 10%의 거래세를 뗍니다(가리).

CHAPTER

8

객체구현

MANAGEMENT BY CONCEPT

1
ISP 정보전략계획

오늘은 기업 활동의 근간을 이루고 있는 팀 조직에다 초점을 두고, 거기서 필요로 하는 데이터의 흐름을 찾아내어 DB시스템화 시켜내는 일에 이 원펀치가 적격이라는 걸 보여드리고자 합니다. 이는 마케팅과 코딩의 융합이라 할 것이며, 물론 이 모든 근간에는 기획작업의 핵심이라 필자가 일컫는 콘셉트에 의한 경영이 자리하고 있습니다.

ISP 작업은 먼저 data stream을 찾아내는 것에서부터 시작한다. 우린 일의 stream으로부터 data stream을 뽑아냅니다. 거기서 전문용어로 말하는 Data Flow Diagram이라는 semantics(형상화 된 모습)가 탄생합니다. 전통적으로 이 작업은 systems analysis & design의 경험이 있는 자로부터 지도를 받아서 작성해오고 있습니다. 여기선 그 개요를 한번 들여다보겠습니다.

DATA FLOW DIAGRAM의 예

발주 – 선적

창고 STOCK에서 찾거나 혹은 공정에 의뢰

결재 – 생산

  통상적인 제조회사의 업무 흐름 현실입니다. 과연 어떤 data들이 여기서 오고 갈 필요가 있을까요? 대개는 우린 작업지에다 그 항목들을 넣어서 서로 간에 필요로 하는 데이터를 주고 받습니다. 맞나요?

  이렇게 각 부서 간에 데이터가 오고 가는 모습을 그려내는 것을 업무 연계성 분석이라 합니다. 부서별로 구분해낸 여러 장의 DFD가 산출물이 되어 나옵니다.

  여기서 필자가 특별히 강조하고자 하는 것은 조직업무의 연계성 분석은 "as it is"이어야 하지 "as it might be"는 절대적으로 위험하다는 것입니다. 왜 그럴까요? 심리학자들이 공통적으로 얘기하고 있는 바로는 사람은 나이를 먹더라도 성격이나 일을 처리하는 방식이 달라지는 경우가 거의 없다 합니다. 즉 "as it might be" 해봐야 그것은 화려한 변화일 뿐이지 실제 기업조직에 이익을 가져 다 주는 결과를 낳는 것과는 별개라는 것입니다.

  다음이 Entity-Relationship Model을 세울 차례입니다. 여기서 entity는 거래 등의 당사자인 개체를 말하고, 개체 간에 어떤 행위, 즉 데이터가 오고 가느냐는 걸 relationship이라 일컫습니다. 여기서 중요한 것이 이 개체 즉, entity를 어떻게 정의 내리느냐입니다. 여기서 필자가 주장하는 것이 우린 이 개체를 주체 subject의 연장선상에서 대개는 어렴풋이 정의 내리고 넘어가는데 그래서는 안

된다는 겁니다. 나와는 분리한 객체로 반듯하게 제대로 된 정의를 내려 주어야 한다는 것입니다.

이렇게 해서 나오게 되는 놈은 현실의 업무 흐름과는 달리 우리가 만들어낸 entity인 객체 object 간에 데이터의 흐름입니다. DFD 보단 좀은 더 형상화가 된 모습입니다.

E-R model의 예

지급서 - 지급(R) - 고객
고객 - 구매(R) - 상품
상품 - 생산(R) - 생산시설
생산시설 - 발행(R) - 선적 요구

이렇듯 연계성 분석이 끝난 DFD를 근간으로 E-R model을 도출하고, 그 E-R model을 바탕으로 데이터베이스를 디자인하고, 현업에서 일정 일자의 데이터처리 부분을 추출해서 test data를 만들고 이를 디자인된 데이터베이스에 적용해 simulate를 하고, 그 결과를 현업에서 실제 처리했던 보고서와 함께 비교해서 만들어진 데이터베이스의 합격 여부를 판정하는 것이 통상의 모듈 개발작업 순서입니다. 핵심 개요만을 올려서 일반인의 이해를 돕고자 했습니다.

여기서 빼놓을 수 없는 것이 실제 개발팀을 구성하는 일입니다. 통상은 외주를 주든지 아니면 자체 개발 인력을 활용하는 중에서 선택합니다. 어느 쪽이 되었건 마땅한 기술을 갖춘 사람을 평소에 찾아서 잘 유대관계를 맺어가는 것이 중요합니다. 그게 바로 전략입니다. 기술자도 전략적으로 구해야 하는 겁니다.

마케팅과 코딩 기획은 동시패션

지금은 마케팅과 코딩이 기획 업무의 알파요, 오메가입니다. 동의하시나요? 이 둘은 나뉘어선 실로 효과를 보기 어렵습니다. 맞나요?

마케팅 기획을 할 때에 우린 일찍부터 코딩한다는 걸 전제로 하고선 코딩 기획까지 같이 살피는 것이 시행착오를 방지하고, 보다 현실에서 먹혀드는 전략, 전술이 되어 나온다는 건 어쩜 아주 당연한 얘기일 것입니다. 지금은 마케팅이 홀로 작동되질 않고 어쨌든 인터넷이니 SNS 등과 같은 소프트웨어랑 같이 어울려서야 그 효과를 볼 수 있는 시절이니깐.

우린 당연한 걸 그냥 쳐다만 보고 삽니다. 못 오를 나무라 생각하는 걸까요?

원펀치에선 객체object로 구현해내는 기술을 유난히 강조합니다. 마케터든 프로그래머든 할 것 없이 이 객체를 구현해내는 걸 소홀히 하다간 큰코다치기 때문이다. 수많은 시행착오 끝에야 겨우 좀 알았다 싶지만, 여전히 숙제가 많이 남는 것이 바로 이 객체로 구현해내는 기술입니다.

원펀치 워크시트 12쪽 이하에서 다루는 객체object로 구현해내는 기능들을 일견해서 함 살펴봅니다.

1단계 SCM

여기서의 핵심은 why, how입니다. 이걸 찾아내게 되면 객체로 구현해내기가 수월해집니다.

2단계 CRM

여기선 그게 to whom, for what입니다.

3단계 펌프 프라이밍

품질단서, 색조화장, 유인책이 나오게 되면, 객체 구현은 수월해집니다.

4단계 리더십 구현

동기부여 책, 즉 무엇이 사람들로 하여금 나랑 같이 하게 하느냐? 그것이 문제입니다.

5단계 요구사항 수렴

DFD, E-R model이 나오고 나면, 필요로 하는 DB시스템을 설계할 수 있습니다.

6단계 객체로 구현

이미 나와있는 모듈들을 활용해내면 삼팔 광땡, 없다면 아주 간단히 만들어서 시작하는 것이 장땡이~!

이상 정보전략계획 사례를 들어 워크시트 12, 14~18쪽을 활용한 소통으로 기획해내는 원펀치 기법을 구체적으로 적용해 보았습니다. 물론 이는 추상화시켜 나온 기술이라, 비단 정보관리뿐만이 아닌 다른 목적의 전략계획 사례들에서도 얼마든지 적용된다 하겠습니다.

이런 기법을 자신의 팀에서 집단지성으로 이끌어낼 수 있을 때까지 활용하기 위해선 반복적인 실습을 통해서 팀 문화로 뿌리내리도록 해나가야 할 것입니다.

2

시트 17 요구사항 수렴

지금껏 실습한 시트 12, 14~16쪽을 돌아보심 어떤 기능들이 요구되고 있는지가 드러납니다.

스터디그룹 사업인 원펀치 사례의 경우엔 매출 구조가 간단합니다. 그리고 가맹본부와 가맹점 간에 정산도 소출, 가리라는 개념을 도입함으로 인해 지극히 간단한 역학구조를 구현해냈습니다.

구체적인 시스템의 요구사항은 어떻게 나올까요? 여기서의 요체는 설득력입니다. 실습해보도록 합니다.

소비자들과의 소통 채널로는 페이스북을 그리고 Management-ByConcept.com이란 도메인을 사용하면 누구든 언제 어디서나 접속해 대화가 가능하니 족해 보입니다. 곧 우린 소통 채널과 마케팅 채널이 동일해지는 효과를 보게 됩니다. 다만 파트너로 참여하시는 분들에겐 시스템적인 접근을 필요로 해 보입니다.

DFD

파트너들에게 인세, 강사료, 부대수입을 올리게 해드리는 걸로, 그리고 그 협업율과 배분율을 각기 소출과 가리 20%, 10%로 파격적인 혜택을 주는 것에서 동기부여 책을 찾았습니다. 기업지배구조는 프랜차이즈협업. 그러니 이런 업무와 데이터 흐름이 예상됩니다.

고객의 요청에 의해 출강 - 수금 - 배분

출판사의 책 판매 - 수금 - 배분

가맹본부, 가맹점 연말결산 - 배당

E-R model

가맹본부, 가맹점, 고객, 출판사 등의 entity를 관리할 필요가 있으며, 수금, 가리, 정산, 소출 등의 relationship에서 오가는 계수와 증빙서를 관리할 필요가 있을 걸로 예상됩니다. 아래와 같이 E-R model을 그려볼 수 있을 것입니다:

가맹점 - 수금(R) - 고객

가맹본부 - 수금(R) - 출판사

가맹본부 - 가리(R) - 가맹점

가맹본부 - 정산(R) - 가맹점

가맹본부 - 소출(R) - 가맹점

DB설계

결국 가맹본부와 가맹점에서 출판사 수금, 출강고객 수금, 연말결산한 raw 데이터(계수, 증빙서)만 각기 관리하면 되고, 나머지는 모두 계산식에 의해 업무처리가 가능해 보입니다.

우린 전략적으로 모듈 하나쯤은 새로 개발할 필요가 있습니다. 가맹점별로는 엑셀 파일로 자신의 계수를 관리하고, 그걸 가맹본부에서 제공하는 집계 DB에다 올려서 권한을 부여받은 한도 내에서 조회 가능하게 해주는 것이 좋겠습니다. 이렇게 하면 앞으로의 추세인 블록체인 기술과도 잘 어울릴 거로 사료됩니다.

소비자와 파트너(협력자) 이 둘을 공히 만족시켜내야 하는 원펀치입니다. 파트너를 위한 업무처리 서비스 구조가 비교적 단순한 스터디그룹 사업인 원펀치로선 소비자와의 마케팅 채널이랑 DB관리, 업무처리 시스템을 같이 연계해서 쓸 수 있게 한다면 그 편리성으로 인해 서로 간 상승 작용하는 효과를 볼 수 있을 것입니다.

시각적인 효과가 두드러지게 드러나는 페이스북을 메인 마케팅 채널 및 기본 DB로 활용합니다. 소비자는 프로필로 붙들고, 협력자는 그룹을, 객체구현은 페이지를 활용합니다.

두 개의 그룹으로 협력자들과 소통합니다. 하나는 원펀치 가맹점 관리 용도이며, 우뇌형 소통. 나머지 하나는 객체구현 모듈개발 용도이며, 좌뇌형 소통. 각기 비공개와 비밀 그룹으로 운영합니다.

그리고 페이스북에서 제공되는 메신저를 메인 업무처리 채널로 택하는 게 바람직해 보입니다.

3
트렌드와 살아남기

우린 크게 숲을 들여다보는 훈련을 한쪽에서 해야 합니다. 그리고 동시에 어떤 것은 정밀하게 세세한 것까지 직접 체험해 보아야 합니다. 전자가 개념훈련이라면, 후자는 전공분야라 하겠습니다. 앞은 카테고리가 없습니다. 생각은 자유입니다. 하지만 뒤는 인류가 카테고리라고 울타리를 치고선 거기서 동일한 규칙으로 경기를 하게 합니다.

IT 테크놀로지는 원래는 영미 국방성에서 비롯해 지난 한 사십 년간 눈부신 발전을 거듭해왔습니다. 필자가 81년 초에 업으로 뛰어들다 보니 지나온 이력을 좀은 이해하고 있는 듯 여겨집니다. 마침 이런 책자를 발행할 기회가 생겨 이정표로 남길 수 있게 되어 다행이라는 생각입니다.

80년도 후반기에 필자는 한국보험공사(지금의 금융감독원)란 곳엘 두 번째 직장으로 들어갔습니다. 가서 맡은 일이 지도부 점포 인허가. 젊은 이십 대 후반이니 의기가 충천할 때입니다. 데이터를 잘 관리해서 인허가에 오판이 들어가선 안 되겠다는 생각에 '이 일은 기계로 해야 합니다'라고 무심코 말을 던졌습니다. 그래 이듬해로 넘어가면서는 부장님이 예산을 따왔고, 그게 전산화 작업이었습니다. 그 당시엔 그런 잡코드가 없었으니, 부장님이 날 더러 그 일을 맡아 하라 합니다. 내 처음엔 반대하다 어쩔 수 없겠다는 체념에서 맡았습니다.

그때엔 컴퓨터가 천공 카드로 프로그래밍이 되어 입출력 카드리더기를 통해서 컴 CPU로 들어가 작업이 수행되던 시절이었습니다. 엄청난 분량의 천공 카드를 늘 다루던 용역회사(한국전산) 실무자들을 보면서는 참 신체적으로도 힘든 일을 하는구나라는 생각을 버릴 수가 없었던 기억이다. 근데 문제는 필자가 생각 키로는 아주 간단한 로직인데도 그걸 오랜 시간이 지나도 제대로 구현을 못해내고 끙끙대는 걸 본 적이 한두 번이 아니었습니다.

그러다 문득 내가 하면 잘할 수 있을 텐데라는 생각이 들었고, 기어코 83년도엔 미국 유학 길을 올랐습니다. 그 당시에 컴 프로그래밍 언어를 제일 잘 배울 수 있다고 평이 나있던 시카고 근처의 북일리노이 대학교입니다. 나중에 귀국해서야 알았지만, 한국에선 컴퓨터 사이언스 학과라 하면 이론 중심의 교육이고 실제로 프로그래밍 실습은 극히 적다 합니다. 하지만 거기선 달랐습니다. 밤에 잠잘 시간이 없을 정도로 프로그래밍 과제를 계속해서 내줍니다. 그리고선 심지어는 컴 CPU 런타임을 몇 번을 썼느냐까지도 체크해서 점수로 평가합니다. 채비가 제대로 안 되어 있었던 터라 필자로선 도무지 따라가기에 힘에 겹기만 했던 시절이라 기억합니다.

아무튼 그렇게 해서 87년도에 학업을 마치고 전 귀국했고, 전 직장엘 가서 보니 필자가 시작했던 업무가 정보처리국이라 해서 국장 한 분에 모두 13명의 직원들로 자라 있는 걸 볼 수 있었습니다. 나름 보람을 느꼈던 것 같습니다. 돌아보면 이 시절이 중앙집중식인 IBM 메인프레임이 한창 꽃을 피울 때였습니다. 기업 활동에서 이 메인프레임을 쓰느냐 안 쓰느냐에 따라 경쟁력이 좌우되던 시절입니다. 물론 잘 쓰고 못 쓰고도 중요했지만, 아예 안 쓰는 기업들이 그만큼이나 많았던 것입니다.

그러다 나온 것이 스티브 잡스가 카테고리를 창안한 PC입니다. IBM이 곧 따라잡아서 IBM PC, 컴펙, 휴렛패커드, 델 등의 PC 메이커들이 이어서 등장했습니다. 그러면서 집중형시스템centralized system에서 분산형시스템distributed system으로 대세가 바뀌었습니다. 상대적으로 값이 엄청나게 싸진 PC들을 너도나도 책상 위에다 갖다 놓기만 하면 업무가 자동화가 되는 줄로만 알던 시절이었습니다. 옛날 같으면 엄두도 못 내던 비싼 소프트웨어들도 그때부터 시작해선 상대적으로 엄청나게 적은 비용으로 혜택을 볼 수 있었습니다. 개발 회사의 입장에선 개발비는 작지만, 다수의 기업 고객들로부터 1/N로 부담시킬 수 있게 되었으니, 오히려 매출은 더 나날이 좋아질 수밖에 없던 때입니다. 마이크로 소프트의 빌 게이츠니, 오라클의 래리 엘리슨 등이 세계 최고의 부자가 될 수 있었던 사연입니다.

그러다 IT 테크놀로지는 또 다른 이슈에 봉착합니다. 기업용 소프트웨어와 개인용 소프트웨어 간에 매출이 역전하기 시작한 것입니다. 그게 1/N의 위력입니다. 물은 위에서 아래로 흐른다. 기업도 역시 마찬가지입니다. 매출과 이익이 많이 나는 곳으로 IT 테크놀로지도 흐르게 마련입니다. 이때부터 소프트웨어의 고객은 기업이란 한계를 벗어납니다. 일반 소비자들이 바로 고객인 때로 접어든 것입니다. 매출도 이젠 더 이상은 엑슨이니 GM 같은 전통적 기반의 기업들보다는 아마존, 구글, 페이스북 같은 일반 소비자 대상의 소프트웨어 기업들이 상위를 점하는 시절로 시장 프레임이 바뀐 것입니다.

한편 우리의 시장으로 한번 돌아와봅시다. 필자가 귀국한 87년 이후 한 삼십 년간인 오늘날까지도 우리나라에선 소프트웨어 시장이 미성숙한 상태입니다. 도무지 탈출구가 보이지 않는 긴 터널 속을 헤매기만 해왔다는 것이 필자의 회고입니다. 동의하시나요?

일찍이 소프트웨어 산업에서 같이 종사하던 뛰어난 인물들을 그 사이엔 종종 볼 수 있었으나 다들 십 년, 이십 년 세월을 견디다 못해 모두가 파산해 업종을 떠나고 말았습니다. 참으로 안타까운 일입니다. 필자 역시나 마찬가지입니다. 좋은 시절이라곤 귀국해서 한 5년 정도에 지나지 않았습니다. 그 이후론 하는 일마다 극심한 경쟁과 불공정한 게임 룰로 인해 좌절을 겪곤 했다는 기억입니다. 무엇보다 여태까지의 소프트웨어 산업은 우리 국민성과는 도무지 어울리지가 않았다는 겁니다. 왜? 우린 일확천금 같은 공짜를 너무도 좋아하는 민족이라는 걸 알게 된 건 한참을 겪고 난 후인 비교적 최근입니다.

여기서 비로소 필자는 기회를 만났다는 생각입니다. 소프트웨어 시장의 트렌드를 올라타고, 우리의 취약하기만 한 개념 유전자를 강화시켜내어 두 마리 토끼를 한번에 잡아낼 수 있는 방안을 찾았다는 겁니다. 그게 마케팅과 코딩을 융합한 원펀치 교육프로그램입니다. 아직은 아무도 시도하지 않은 거로 압니다. 통상은 우뇌와 좌뇌를 동시에 발달시켜내는 경우가 아주 드물다는 걸 필자는 압니다. 필자가 오랫동안 실험을 통해 찾아낸 방식인 이 원펀치는 그걸 가능하게 해준다는 겁니다. 이 나라 이 시대의 니즈가 가져다준 절묘한 타이밍이라 할 것입니다.

인류가 인쇄술을 발명하면서 시작해 엄청난 문명을 기하급수적으로 발전시켜온 것을 우린 압니다. 지식이 더 이상은 어떤 특정인들의 전유물이 아니라는 겁니다. 지식의 보편화입니다. 이러다 한 차례 더 획기적인 전기를 맞게 된 것이 90년대 중반에 불기 시작한 인터넷 바람입니다. 앞의 것이 아날로그 인쇄술이라면 뒤의 것은 디지털 인쇄술인 셈입니다. 어차피 둘 다 실제가 아닌 사이버의 세계입니다. 하지만 우리의 유전자는 이제 거기에 적응해서 책이나 인터넷이 더 이상은 사이버가 아닌 실제 세계라 여기게 된 거로 필자에겐 사료됩니다.

곧 책과 인터넷이 우리의 삶에서 더 이상은 동떨어진 존재들이 아닌 것입니다. 우린 함께 살고 있습니다. 다시 말하면, 타인의 경험이 곧 내 경험이 되어 나의 힘의 원천으로 등장한 것입니다. 그걸 한 걸음 더 나아가 요즘의 IT 테크놀리지에선 AI니 Big Data니 해서 4차 산업이라 합니다. 곧 4차 산업이 발전한 나라가 국가 간 경쟁에서 살아남을 수 있다 합니다.

이런 세상에서 우린 어떻게 하면, 남보다 나은 위치를 점하고선 보다 더 나은 경쟁력을 갖출 수 있을까요?

이 시대를 맞아 우리는 경쟁력을 생각해보지 않을 수 없습니다. 곧 살아남기 위한 지혜를 이젠 필수로 갖추지 않으면 더 이상은 미래가 없는 세상에서 우린 살고 있습니다. 그건 개인이고 기업이고, 나라를 가리질 않습니다. 살아남기 위한 지혜를 갖춘 이들에게만 혜택이 돌아가는 사회로 바뀌었습니다. 나머지는 그냥 낙오자입니다. 국가에서 그저 입에 풀칠할 정도만의 복지로 생명을 유지해줄 뿐입니다. 이 경쟁은 카테고리를 가리지 않습니다. 무한 경쟁입니다.

이런 무한 경쟁의 시절에 귀하께선 과연 어떤 원펀치를 갖추셨나요?

혹자는 기술이 중요하다 하고 혹자는 인문학이 중요하다는 등등 제각각입니다. 필자는 이럴 때일수록 기본이 중요하다고 생각하는 사람입니다. 그게 개념입니다. 특히나 필자의 경험으로는 우리나라나 이웃 일본 경우엔 너무 구체적인 유전자가 강한 사람들로 붐빕니다. 이 개념 유전자를 키워내는 일이 무엇보다 중요하다는 것이 필자의 생각입니다.

그저 백지에다 자신의 생각을 한번 그려보라는 겁니다. 그리고 찬찬히 그걸 들여다보다 보면, 우린 누군가가 얘길 들려주는 걸 들을 수 있습니다. 거기서 아하 하며 지혜를 얻으면 되는 방식이다. 전혀 백지로 시작하면 어떻게 해야 할지 막막하기만 한 보통 사람들을 위해선 필자가 연마해온 시트들을 몇 개 추렸습니다. 그걸 하나씩 그때그때 필요한 놈으로 올리고선 함 생각을 그려보라는 겁니다.

곧 자신이 갖고 있는 그릇이며 잔을 비우라는 겁니다. 그럼 어디선가 나서서 그 빈 그릇 빈 잔을 채워준다는 겁니다. 그걸 필자는 #개념훈련 #자기계발 #집단지성 #역량강화 교육프로그램이라 일컫습니다. 혼자만이 아닌 여럿서 팀을 이루어 훈련하는 게 좋겠다 해서 스터디그룹 방식의 BM 론칭을 계획하게 되었습니다.

이 책에서는 원펀치 비즈니스모델을 갖고선 실습을 해왔습니다. 여기서 주문하는 것은 지극히 간단합니다. 팀원들끼리 워크시트 한쪽씩을 올리고선 지혜를 모아 보시라는 겁니다. 처음엔 적응이 안 되어 있다 보니, 서툴기 짝이 없겠지만 몇 번 반복하다 보면 자신도 모르게 창의가 발휘되는 것을 느끼게 되는 방식입니다. 찾게 되는 그게 곧 개념입니다. 콘셉트에 의한 경영이란 이름을 필자가 붙인 까닭입니다.

4

시트 18 객체로 구현

객체구현이 가져다 주는 매직은?

나 아닌 남의 시선에서 모듈을 구현해내는 걸 필자는 개인적으로 객체구현이라 이름 지어 부릅니다. Subject 주체의 반대인 Object 객체다. 그랬을 땐 우리가 상상도 못 하는 큰 생명력을 발휘해서 살아남기에 적합한 체질로 바뀐다는 사실을 필자는 지금껏 30년간 실험을 통해 절실히 체험해오고 있습니다. 몇 가지 특징을 한번 올려 보겠습니다.

1. 내가 아닌 남의 입장이니 객관적인 시각을 늘 견지하게 해준다
2. 누구든 갖다 쓸 수 있으니, 마치 시냇가의 조약돌과 같이 단단하고 둥글다
3. 특별히 좋은 이름을 갖게 되면 사람들로부터 사랑받기까지 한다
4. 누군가에 의존하지 않아도 되니, 사람들이 너도나도 자기 거인 양 여긴다
5. 탄생은 누군가에 의했지만, 어느 정도 자라고 나면 독립적으로 바뀐다
6. 스스로 생명력을 갖고, 살아남기 위해 온갖 지혜를 다 동원한다.

```
┌─────────────────────────────────────────────┐
│                                               │
│          객체지향 시스템 모델링                 │
│                                               │
│              워크시트 v-18                      │
│                                               │
│                                               │
│                                               │
│                                               │
│                                               │
│                                               │
│     어떤 이의 작업과도 잘 어울릴 수 있게끔 시스템을 구현    │
│                                               │
└─────────────────────────────────────────────┘
```

원펀치가 이름 지어주고 불러주는 객체들입니다. 원펀치, ManagementByConcept.com 콘셉트에 의한 경영, 마케팅 & 코딩 기획실무, 원펀치 가맹본부와 가맹점, 소출과 가리, 보안레벨과 배분정책, 소유레벨과 협업정책, 믿음레벨과 사수정책, 객체구현, 개념훈련. 그리고 저희가 활용하는 소프트웨어 모듈들입니다.

페이스북과 메신저, 네이버 블로그와 밴드, 카톡방, MS오피스, 그리고 구글 안드로이드와 크롬.

가맹점에서 사용하는 엑셀 파일을 DB로 변환해서 가맹본부에겐 집계표가 나오게 해주고, 가맹점들에겐 자신의 해당 DB 내용을 손쉽게 조회 가능하게 권한을 열어주는 신규 모듈 개발을 요합니다. 이 새로 탄생하는 객체 모듈의 이름은 아이부스라 부르겠습니다.

개인용 IT솔루션이 넘쳐나는 세상입니다. 이들 모듈들을 잘 활용하면 우린 큰 비용 들이지 않고도 기업 활동을 영위할 수 있는 세상을 살고 있습니다.

요는 이들을 잘 활용할 수 있는 개념을 찾아내야 하고, 앞으로의 기업 간 전쟁은 이 개념싸움에서 승부가 가려질 것입니다.

원펀치는 여러분을 개념전쟁에서 유리한 고지를 점하게 해 드릴 것임을 약속합니다.

우리 같이 가보실까요?

이로써 애초에 계획했던 원고지 100여쪽을 채웠습니다. 지난해 10월 22일부터 쓰기 시작해 오늘이 2월 15일이니 한 110여 일 걸렸나 봅니다. 주로 새벽에 일어나서 한 꼭지 글을 쓰고 페이스북에다 올리고선 반응을 보아 수정해왔습니다. 여러분 독자께서 제 빈 그릇, 빈 잔을 채워주셨던 겁니다. 다행히 정유년의 마지막 날인 오늘 원고를 마칠 수 있게 되어 기쁩니다. 그간 저희 글을 읽어 주시고, 좋아요 해주시고, 격려도 아끼지 않으셨던 많은 분께 감사드립니다. 밝아오는 무술년 새해 복 많이 받으세요.

앞으로 먼 길을 가야 할 대장정에 전 이제 막 시작 테이프를 끊었다는 느낌인데요.

노자가 했다는 말을 하나 남기고 마치겠습니다.

천 리 길도 한 걸음부터

A journey of a thousand miles begins with a single step.

부 / 록

MANAGEMENT BY CONCEPT

귀하를 경영의 달인으로
만들어 드리겠습니다

개념이 바로 서면, 경영이 보입니다

구체적 사고 VS 개념적 사고

이 둘은 영원히 만나지 못하는 평행선을 긋지만, 팔하나 교육훈련을 받게 되심 서로 간 소통이 가능해집니다. 한국, 일본 사람에겐 이 구체적 사고의 유전자가 많아요. 따라서 개념적 사고의 유전자를 더하게 되면, 남다른 경쟁력을 갖추게 되신답니다. 자기계발. 대개 6개월이면 습득(일주일에 한 차례씩 2~3시간 수련)

팔하나 8-1란?

계획 8단계와 실행 1단계로 구성된 프로시쥬어를 밟습니다. 워크시트 1~18쪽을 하나씩 올려서 떠오르는 생각을 여럿이서 같이 나눕니다. 집단지성. 대개는 한 팀에 5~6명이 적당.

마케팅과 코딩이 핵심 역량

마케터가 왜 코딩을 배워야 할까요? 요즘 미디어는 거의가 다 디지털로 되어 있고, 인터넷을 타게 되어있지요. 이건 마케터가 코딩 전문가에게 의뢰만 해선 도저히 좋은 품질의 창의가 발휘될 수 없는 환경. 여기서 당신의 경쟁력이 나옵니다. 역량강화.

귀하의 원 펀치는 무엇인가요?

경영과 기술집약 실습

아래 두 응용 1, 2를 워크시트 실습을 통해서 수강생과 함께 직접 살아있는 사례로 만들어냅니다. 다른 말로는 언제 어디서나 워크시트 한 장을 올려서 아이부스(스마트부스 네트워크에서 집단지성을 구하다)한다 합니다.

기업교육, 길거리 부스에서 '원펀치' 강좌를 만나 보세요

팔하나, 아이부스 두 모듈 활용법을 익혀 귀하께 강력한 원 펀치를 갖게 해드립니다.

Tel. 010-5323-8181

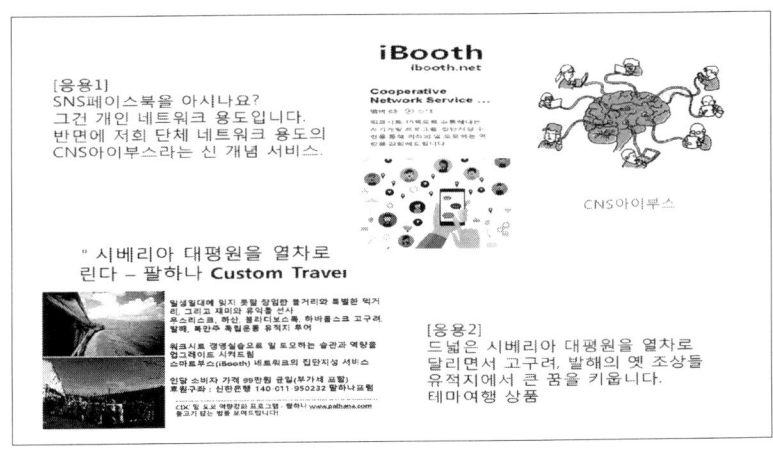

❖ 강의 계획서

기본 정보	**과정 명**	워크시트18쪽으로 팀원들과 소통해내는 경영에서의 통찰력 찾기 훈련과정
	모듈 명	귀하의 원 펀치는 무엇인가요?
	강의시간	3일/20시간
	학습대상	신입 및 경력, 팀장 및 경영자. 수준과 업종을 가리질 않습니다.
과정 개요		일정한 프로시쥬어를 밟게 함으로써 사업계획 및 실행 솔루션을 찾는 과정에다 창의와 집단 지성을 더했습니다.
학습 목표		효과적으로 자기계발을 하고, 개념훈련 집단지성을 활용하여 역량강화를 해내는 노하우를 전수해 드립니다. 팀을 갖춘 리더에게 꼭 필요한 내용이지만 팀이 없는 1인 경영 하시는 분들에게도 꽤 유용한 강의가 될 것입니다. 귀하와 귀 팀을 기획의 달인으로 만들어 드리겠습니다.
강의 방식		이론 강의, 워크숍, 실습중심
학습 내용		모듈 1. 집단지성을 이루는 세 가지 툴(6시간) - 효과적인 회의 진행 - 목적기술구조도 - 힘의 삼 원칙 모듈 2. 포지셔닝, 전략(6시간) - 미 와튼스쿨 포지셔닝 방법론을 활용한 유용한 포지셔닝 전략 - 마케팅 조사 및 분석 - 가치창출을 위한 공급자 체계, 일관성 있는 고객관계 관리 모듈 3. 워밍업, 귀 기울이기, 인큐베이터(4시간) 모듈 4. 전술 및 객체 Object로 구현(4시간)
기타 사항		파일럿 강의 출장 가능(1~2 시간)

워크시트 18쪽

1. 관심 30개

2. 효율적인 회의 진행

3. 다음 이슈에

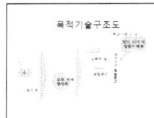

4. 목적 기술 구조도

5. 여행 감상문

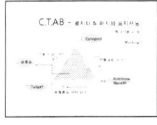

6. C.T.AB

7. 컨셉보드

8. 소비자수용도

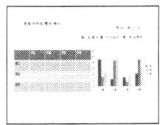

9. 경쟁지각도

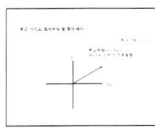

10. 공간지각도

11. 비즈니스모델
캔버스

12. SCM

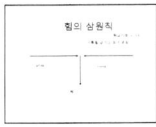

13. 힘의 삼원칙

14. CRM

15. 펌프 프라이밍

16. 리더십 구현

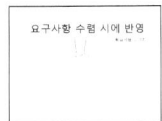

17. 요구사항 수렴

18. 객체구현

❖ 워크시트 18쪽으로 팀원들과 소통해내는 경영에서의 통찰력 찾기 훈련
   과정

2017년 12월

금년 12월에 인터넷상에서 소개했던 내용을 그대로 옮겨왔습니다. 참고해주심 고맙겠습니다.

워크시트 18쪽으로 소통해내는 저희들의 훈련방식이 어렵다고들 하십니다. 이번엔 그 시트 하나씩을 혹은 묶어서 알기 쉽게 안내드립니다.

집단지성을 이루는 세 가지 툴 1

리더와 리더십의 요체는 같이 가는 겁니다. 그러기 위해서 필요로 하는 요소는 여러 가지가 있지요. 소통, 통찰력, … 기타 등등일 텝니다.

여기 제가 LG인화원에서부터 습득해 평생을 적용해보았더니 잘 들어 맞았다는 세 가지 툴을 소개 드립니다.

워크시트 자체로 얼마든지 우린 떠오르는 창의를 갖고선 토론이 가능하실 텝니다. 소규모 팀을 운영하는 팀 리더들께선 당장 써 먹으셔도 될 텝니다.

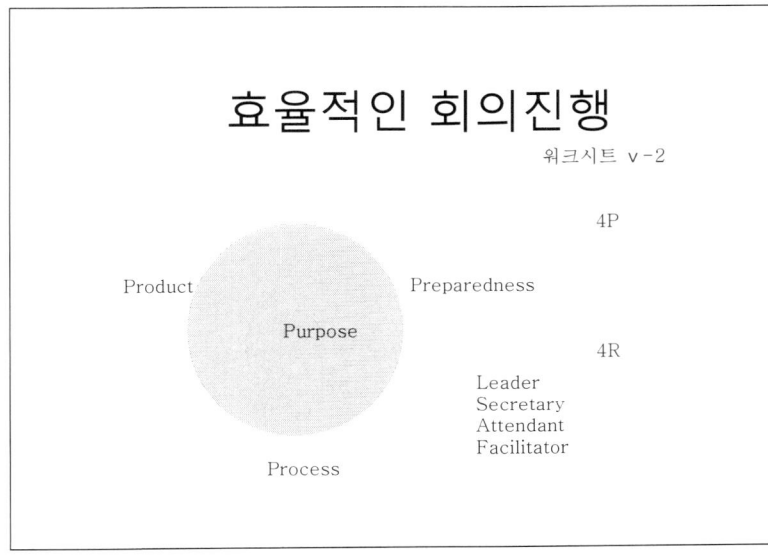

회의에 앞서 4P와 4R을 먼저 챙기시라는 겁니다.

4P-목적, 왜 하죠? 결과물, 뭐가 나올 걸로 예상되나요? 준비물, 뭘 준비해서 만나야 되나요? 과정, 어떤 절차를 밟을 건가요?

4R-사회자, 대개는 팀 리더가 맡습니다. 서기, 내용을 잘 아는 사람에게 맡겨야 합니다. 출석자, 올 필요가 없는 사람은 부르지 말아야죠. 촉진자, 이게 생명이에요, 대개는 제일 노하우가 많은 사람이 맡는 역할입니다. 이분을 누구로 선정하느냐에 따라 회의의 성과를 좌지우지 하게 된답니다.

#개념훈련 #자기계발 #집단지성 #역량강화

어렴풋한 목적으로는 이루어내기 어렵기만 합니다. 그래서 목적을 우린 구조도를 그려내어서 분명히 해야 합니다. 그래야 그 목적은 달성가능해집니다.

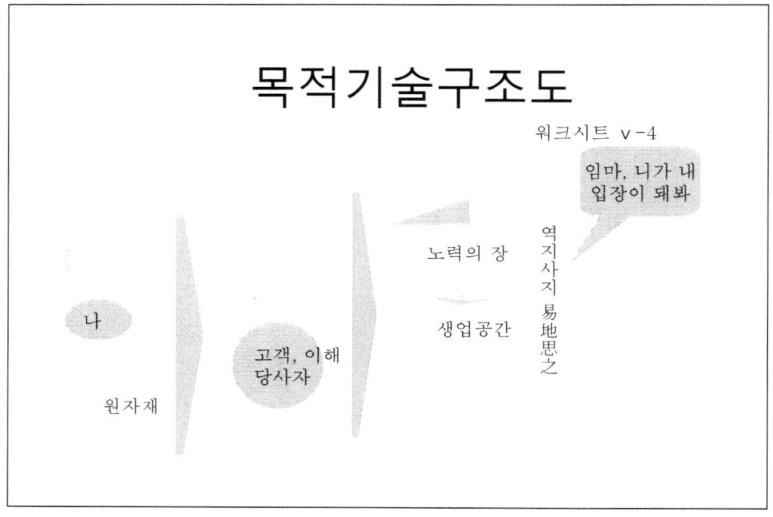

당신이 남다른 역량을 갖고 있다고 합시다. 그리고 그 수혜자가 누구라고 합시다. 그럼 그 당신의 역량을 수혜자에게 건네고 보수를 받는 것을 통상은 거래라 합니다. 그건 아주 단순했던 삶을 영위했을 때의 비즈니스입니다.

하지만 지금은 엄청 복잡해진 세상입니다. 통상은 당신의 역량을 갖고 있는 이들이 당신 말고도 숱합니다. 아무리 내 걸 사달라 해도 고객은 꿈쩍도 안 합니다. 그리고 어쩌다 사 쓰더라도 별다른 감흥을 못 느낍니다.

그렇습니다. 지금은 고객감동이 나를 차별화 시켜주는 시절입니다.

그리고 그 노하우는 고객이 정말로 자신의 온갖 정열을 다해 불태우고 있는 그네들의 생업공간을 들여다보아야 나온다는 것입니다. 그게 내 노력의 장이 되었을 때 비로소 우린 비즈니스가 살아나는 것을 볼 수 있습니다.

그렇습니다. 역지사지할 수 있어야 비로소 보이는 것들입니다.

#개념훈련 #자기계발 #집단지성 #역량강화

이걸로 웬만한 갈등은 다 풀 수 있답니다.

우린 그저 상대의 얘길 들어만 주어도, 벌써 반은 다 해결을 본 겁니다. 그게 자존심을 버리면 가능합니다. 근데 그놈의 자존심이 우릴 어리석게 만드는 주원인이지요.

우린 날 비우게 되면, 세상을 내 품 안에 담을 수가 있답니다.

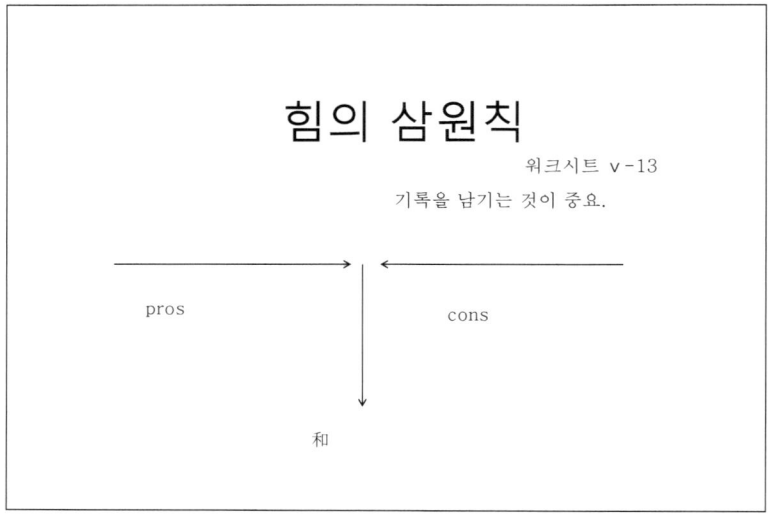

누가 무슨 주장이 나왔어요. 그럼 그걸 수용하는 입장과 반대하는 입장을 공히 객관적으로 놓고 보십시오.

분명히 그 답이 나옵니다. 그게 세상 이치입니다.

여기서의 요체는 객관Objective입니다. 절대로 주관Subjective를 넣어서 보심 안 보입니다.

보통으론 어렵지요, 그저 날 비워낼 때엔 그게 가능해집니다.

#개념훈련 #자기계발 #집단지성 #역량강화

워밍업 시트 1, 3, 5쪽

집단지성 툴 3쪽의 소개에 이어 나머지 워크시트들을 묶어서 소개드립니다.

무슨 일이든 도모할 때엔 카테고리를 막론하고 어떤 공통점이 있지요. 그걸 뽑아내어 점검을 마친 후에 실행에 옮기시라는 겁니다. 계획 8단계와 실행 1단계라 해서 8-1라 부릅니다.

관심 30개를 적으세요

워크시트 v-1

다음 이슈에 답해 보시겠어요

워크시트 v-3

1. 난 창업할 태도가 되어 있나,
2. 왜 창업해야 하지,
3. 창업자금은 어떻게 마련하나,
4. 내 아이템은 정부지원 자금을 받아내기에 적합할까?,
5. 아이템은 어떻게 발굴해내나,
6. 내가 찾은 아이템으로 과연 비즈니스가 될까,
7. 세상엔 어떤 가치를 창출해줄까?,
8. 사람들은 무엇에 관심 있나,
9. 내 소비자는 누구지,
10. 과연 내 아이템에 소비자는 얼마나 돈을 지불할까,
11. 내 아이템을 어떻게 객체로(기술로) 구현해낼까,
12. 상표나 특허장치는 해낼 수 있나,
13. 누구랑 같이 갈까,
14. 만일에 실패라도 하게 되면 난 어찌될까

여행 감상문을 적으세요

워크시트 v-5

워밍업, 귀 기울이기, 인큐베이트 탐색 3단계입니다. 그저 몸을 풀다 보면, 우린 어떤 생각에 이르게 되고, 한 동안을 그 생각을 품고 지내다 보면 자연스레 뭘 해야 할지에 이르게 된다는 이치입니다.

자신의 속내를 들여다보는 질문들로 가득합니다.

#개념훈련 #자기계발 #집단지성 #역량강화

워크시트 6-11쪽, 12, 14쪽이 전략

오늘은 전략입니다. 저흰 C.T.AB SCM CRM 시트 6, 12, 14쪽 삼단계로 구성했습니다.

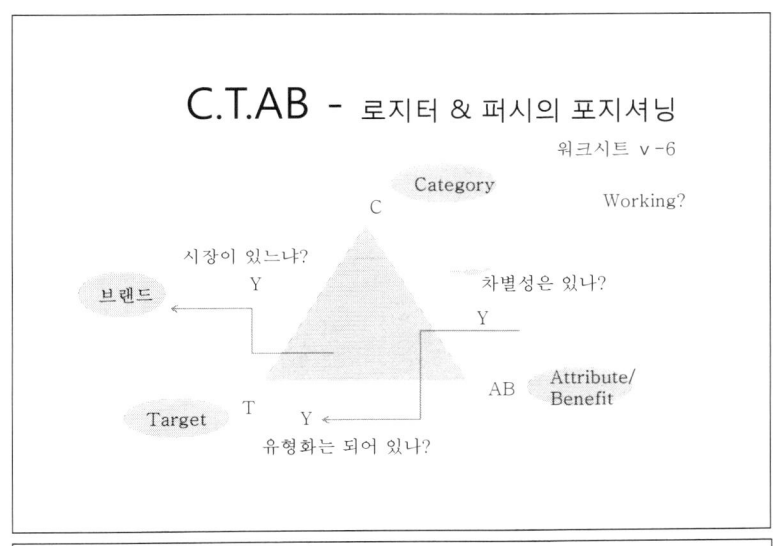

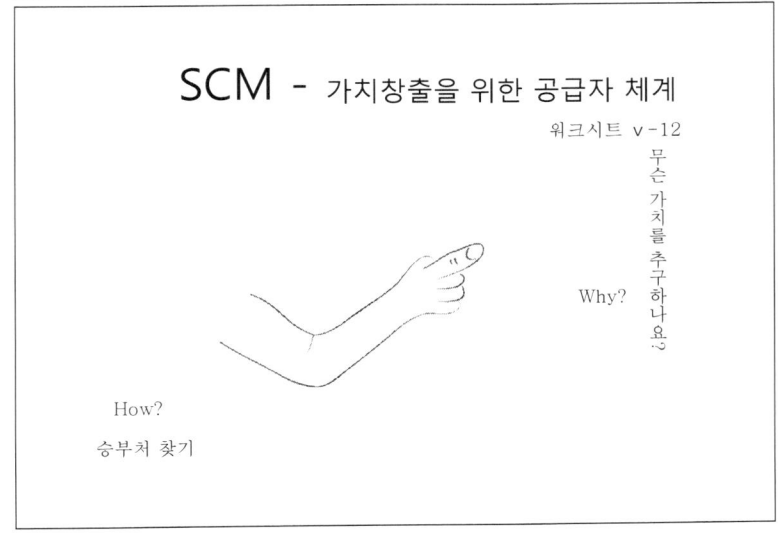

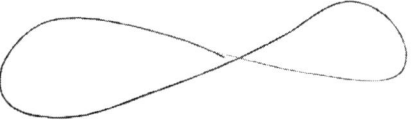

```
┌──────────────────────────────────────────────────────┐
│                                                        │
│     CRM  -  일관성있는 고객관계관리                      │
│                          워크시트 v-14                  │
│                                                        │
│                    ∞                                   │
│                                                        │
│                                                        │
│     니는 내게 뭘 주는데?   What?                        │
│                                                        │
└──────────────────────────────────────────────────────┘
```

　여기서 C.T.AB은 미 와튼스쿨에서 나온 포지셔닝 방법론을 활
용했습니다. 보편적으로 제일 정확하게 포지셔닝해낼 수 있게 해준
답니다.

　그리고는 이어서 그 포지셔닝을 조사, 분석해내고 입증해내는 활
동에 들어갑니다. 그게 시트 7~11쪽입니다.** 그렇게 하고 나면, 일
도모가 정확히 포지셔닝이 되어 나옵니다.

** 참고 서적: 김근배, 『의사결정을 위한 마케팅조사론』, 무역경영사, 2005

컨셉보드 형식 예시

제목 (핵심편익제안)

본 론

- 소비자들이 인식하는 문제점
- 제품이 제공하는 해결책
- 핵심편익에 대한 구체적 설명
- 차별적 속성-편익
- 부수적 속성-편익
- 상표와 가격정보

제품이나
포장 사진

사용 상황에 대한
삽화 (선택사항)

제품에 대한 소비자 수용도 형식 예시

워크시트 v-8

	1안	2안
컨셉테스트 점수		
사용후 제품테스트 점수		

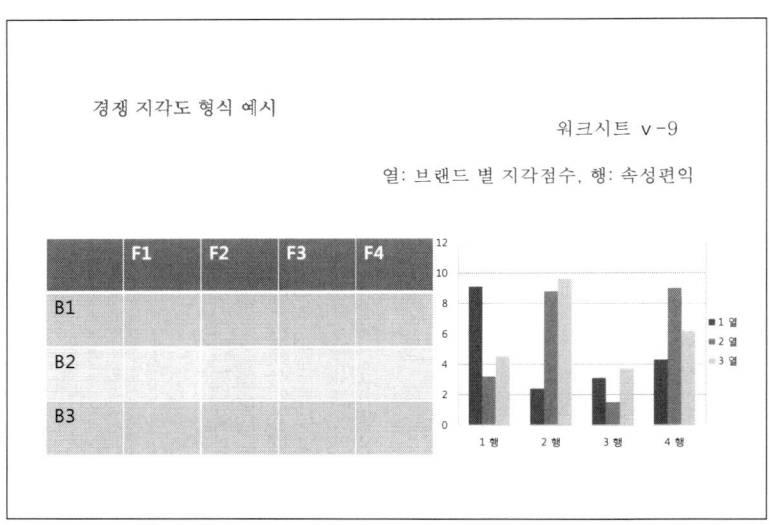

경쟁 지각도 형식 예시

워크시트 v-9

열: 브랜드 별 지각점수, 행: 속성편익

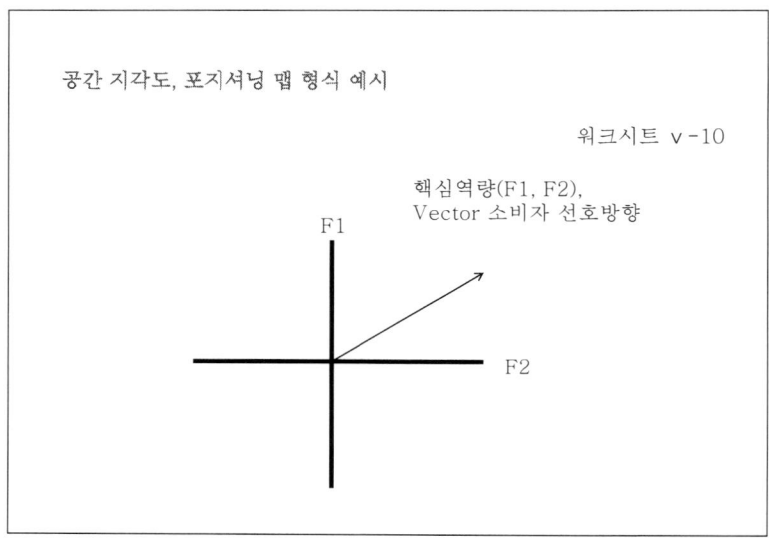

공간 지각도, 포지셔닝 맵 형식 예시

워크시트 v-10

핵심역량(F1, F2),
Vector 소비자 선호방향

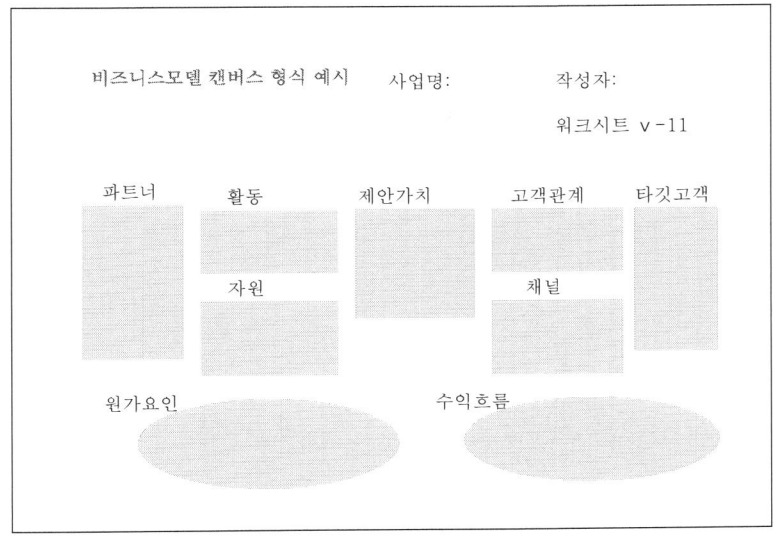

비즈니스모델 캔버스 형식 예시　　사업명:　　　　작성자:

워크시트 v-11

| 파트너 | 활동 | 제안가치 | 고객관계 | 타깃고객 |

자원　　　　　　　　　　채널

원가요인　　　　　　　　수익흐름

　　저희 워크시트 18쪽 가운데 이 포지셔닝만 모두 6쪽입니다. 삼분의 일의 분량입니다. 그만큼 전략, 그중에서도 포지셔닝을 정확히 해내는 것이 중요하기 때문입니다. 여기서 여러분은 마케팅의 진수를 밟으시는 겁니다.

#개념훈련 #자기계발 #집단지성 #역량강화

시트 15, 16쪽은 전술

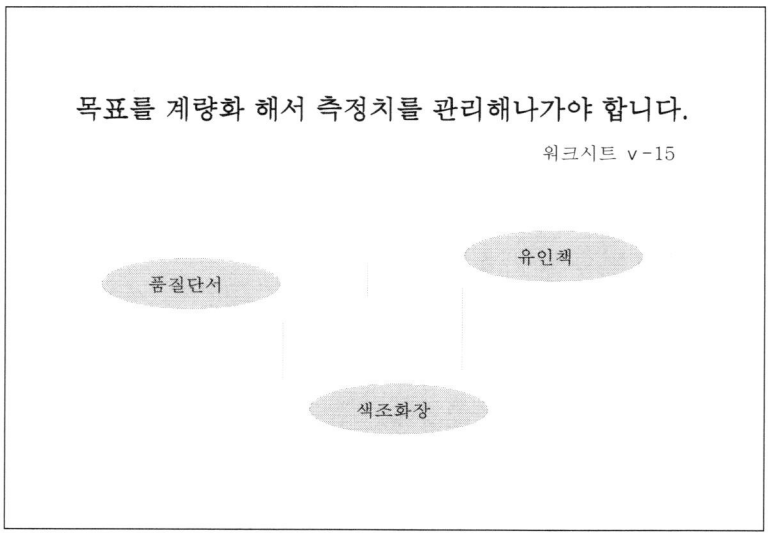

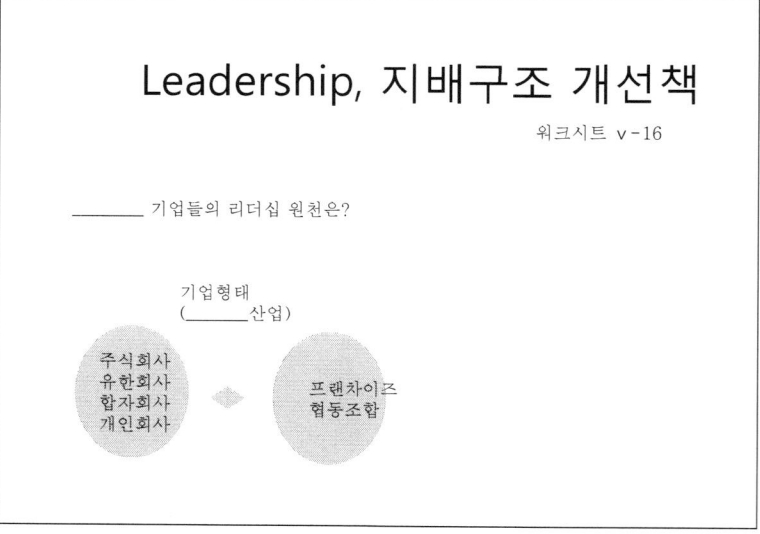

마중물 전술과 리더십 전술입니다.

전략은 방향입니다. 거기로 다가가기 위해선 얼마라도 마중물을 부어주고, 구성원 각자에게 동기부여 책도 내어주어야 그 방향으로 움직이기 시작합니다.

품질단서, 색조화장, 유인책은 제가 추상화Abstract시켜낸 마중물 전술의 3요소입니다. 리더십으론 주식회사와 프랜차이즈 정도가 대세로 보입니다.

아시죠, 저횐 이 워크시트를 테이블에 놓고선 각자가 떠오르는 아이디어들을 교환하면서 답을 찾아가는 방식입니다.

#개념훈련 #자기계발 #집단지성 #역량강화

17, 18쪽은 코딩기획

　제가 거의 평생을 소프트웨어 개발을 해오면서는 느끼는 바를 함축해서 담아 보았습니다. 우린 무얼 해내라는 지시만 받아 코딩해서는 절대로 선진국 대열에 끼어들 수 없습니다.

　무얼 해내야 하는지 스스로 가치를 찾아낼 수 있어야 하고, 그게 코딩에 반영되지 않음 우리에게 소프트웨어 산업에서도 미래가 없습니다.

　여기서 전 보았습니다. 코딩이란 결국엔 객체 Object로 구현해내는 성질입니다.

　나 Subject 아닌 남의 생명을 잉태시켜내는 일이지요. 그게 살아서 움직이고 잘 자라게끔 해내는 일입니다. 우린 코딩에 대해서도 개념이 바로 서야 경영이 보입니다.

　여기서의 제일 중요한 두 요소가 요구사항 수렴이고, 또 그걸 구현해낼 때에 가능한 기존에 이미 나와있는 기능모듈을 활용하는 걸로 전 보았습니다. 각기 두 쪽에다 담았습니다.

요구사항 수렴 시에 반영

객체지향 시스템 모델링

어떤 이의 작업과도 잘 어울릴 수 있게금 시스템을 구현

기실은 전략의 포지셔닝 6~11쪽이 끝나고 나서부터인 12, 14~18
쪽이 모두가 이 객체로 구현해내는 범주에 속합니다. 왜 이 모듈개

발이 필요한 지를 이 여섯 쪽이 각기 다른 방향에서 입증해내고 있는 거지요.

이렇게 해서 오늘까지 워크시트 1~18쪽을 모두 소개드렸습니다. 집단지성 툴 3쪽, 워밍업 3쪽, 마케팅 6쪽, 객체구현 6쪽 해서 모두 18쪽으로 기획해내는 방법론입니다. 다른 측면에서 보면, 탐색 3쪽, 전략 3쪽, 전술 2쪽, 실행 1쪽 해서 모두 8단계의 계획과 1단계의 실행을 밟는다 해서, 팔하나 8-1라는 이름을 얻었습니다.

한마디로, 이렇게 하면 우린 집단지성을 이룰 수 있고, 요즘 회자되는 4차 산업 AI니 Big Data 같은 문명 발전과 우리도 어깨를 나란히 할 수 있다는 걸 보여드립니다. 같이 해주서 감사드려요.

#개념훈련 #자기계발 #집단지성 #역량강화

이 18쪽의 워크시트로 집단지성을 이루어내는 방식의 교육훈련 프로그램을 기업교육을 전문으로 하시는 귀 원(사)을 통해서 널리 보급해내고자 합니다. 기회를 주신다면, 큰 은혜에 꼭 보답드리겠습니다.

김용찬 드림

이메일 palhana@naver.com